뇌 안에 잠든
학습 코드를 깨워라

뇌 안에 잠든 학습 코드를 깨워라

고려대 영재교육원
10년의 공부 비밀을 밝힌다

이민주

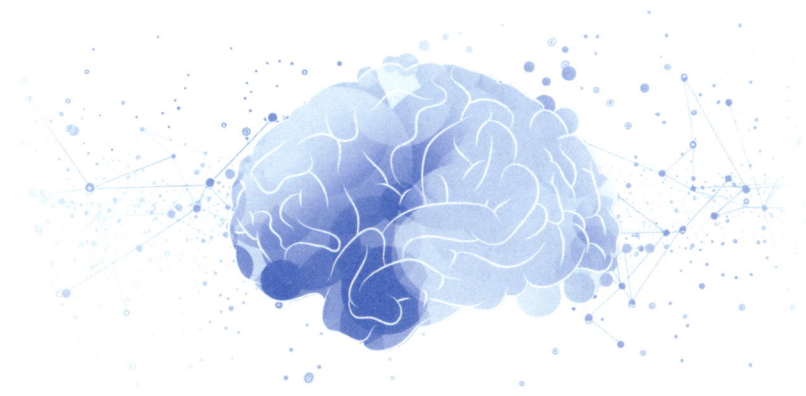

일러두기

◆ 책에 제시된 사례는 실제 상담 사례를 바탕으로 재구성 및 각색되었습니다. 내담자의 개인정보 보호를 위해 일부 내용이 변경되었으며 실제와 다를 수 있습니다.

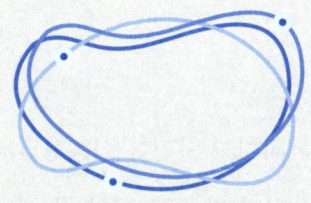

나에게 맞는 공부법을 찾는 길은
뇌와 마음을 알아가는 과정에 있다.

추천사

이 책은 쉽지 않은 뇌과학 이야기를 심리상담의 언어로 풀어낸 드문 작품이다. 부모와 아이의 마음을 '뇌의 작동 원리'로 이해하게 해주며, 따뜻한 사례와 과학적 설명이 절묘하게 어우러진다. 공감이 되고, 설득력이 있다. 무엇보다 실제 상담과 자녀 교육에 바로 도움이 된다. 지난 10년간 저자가 연구와 실천을 병행해온 과정을 지켜본 사람으로서 자신 있게 추천한다.

이상민 | 고려대학교 교육학과 교수

프로야구에서 최고의 투수 열 명을 뽑고 그들의 투구 폼을 잘 지켜보시라. 단 한 명도 같은 폼으로 던지는 투수가 없다. 즉 그들은 공을 참으로 잘 던진다는 공통점이 있지만 각자 자신만의 다른 방식을 통해 그 같은 경지에 도달한 것이다. 공부도 마찬가지다. 남의 폼으로 던지는 투수가 되어서는 안 된다. 스스로 자신의 방식을 찾아가며 자신감을 쌓아가고 또 그것을 바탕으로 더 고차원적인 학습법을 만들어가야 한다. 문제는 그 방법과 과정을 알려주는 사람이 많지 않다는 것이다. 20년 넘게 그 일을 해온 전문가가 이제 참으로 쓸모 있는 지침서를 우리에게 선사해준다. 인지심리학자로서 큰 감탄과 고개 끄덕임을 연발할 수밖에 없는 내용으로 가득하다.

김경일 | 인지심리학자

이 책을 읽으면, '공부는 단순히 의자에 오래 앉아 있는 것이 아니라 뇌가 한다'라는 말이 실감 날 것이다. SNS 중독, 게임 중독, 시험 불안 등 집중력이 저하될 일들이 우리 사회에 얼마나 많은가? 이 책은 상세한 예와 방법을 세부적으로 제시하는데, 읽다 보면 공부가 단순한 훈육이 아니라 정교한 뇌 설계 작업임을 깨닫게 된다. 공부에 지친 아이와 부모 모두에게 일독을 강력히 권한다.

이현주 | 연세대학교 미래융합연구원 연구교수

뇌과학을 연구하는 신경과 의사로서 저자와 여러 연구를 함께하며, 이민주 교수의 뇌과학적 깊이와 인간에 대한 따뜻한 시선을 가까이에서 지켜볼 수 있었다. 복잡한 신경 메커니즘을 아이의 언어로 해석해내는 능력은 연구자로서의 전문성과 전달자로서의 탁월한 역량을 동시에 갖추고 있음을 보여준다.

이 책은 공부를 '노력의 기술'이 아닌, 뇌의 성장이라는 생물학적 여정으로 바라본다. 기억, 집중, 감정, 자기조절이 모든 뇌 기능이 어떻게 연결되고 변화하는지를 과학적 근거와 생생한 사례를 통해 설명한다. 책 속의 "부모의 뇌는 아이의 우주다"라는 문장은 단순한 은유가 아니다. 아이의 뇌는 부모의 말과 시선, 감정 속에서 자란다. 저자는 이 사실을 따뜻한 문장과 단단한 과학으로 증명해낸다.

이 책은 뇌과학과 교육을 잇는 다리며, 아이의 가능성을 '성적'이 아닌 '성장'의 관점에서 바라보게 하는 새로운 시선이다. 과학의 언어로 썼지만, 마음의 언어로 읽히는 책이자 아이를 깊이 이해하고 싶은 모든 부모와 교사를 위한 뇌과학의 안내서다.

주은연 | 성균관의대 삼성서울병원 신경과 교수

과학은 연구실이 아닌, 일상의 해답이 될 때 진정으로 가치가 있다. 이 책은 복잡한 뇌과학을 쉽고 구체적인 지침으로 바꾸어 수많은 아이의 잠재력을 깨우고 부모의 양육에 결정적인 도움을 줄 것이다.

안은섭 | 소아청소년과 전문의

정말 좋은 책이다! 아이를 사랑하는 부모와 교사에게 이보다 더 값진 안내서는 없을 것이다. 일부의 체험을 그럴듯하게 포장한 성공

스토리나 검증되지 않은 주장을 펼치는 책은 시중에 많다. 이 책은 다르다. 뇌과학의 탄탄한 이론적 기초 위에 전문 코치의 철학이 더해졌다. 이 책을 읽는 것만으로도 배움이 크다. 게다가 풍부한 임상 경험의 사례와 바로 적용할 수 있는 노하우, 도구 세트까지 들어 있어 현실적인 도움이 된다.

뇌과학은 계속 더 밝혀지고 있는 분야다. 최신의 연구까지 인용하여 저자는 휴대폰 사용부터 조명 변경까지 세세한 학습 환경 디자인을 권유한다. 또한 에너지 적게 쓰려는 뇌의 속성에 맞게, 작게 시작하기와 습관화, 루틴으로 만들기, 실패하면 더 작게 다시 시작하기 등의 대안을 제시한다.

부모는 감정을 다루는 역할 모델이라고 저자는 말한다. 부모가 해줄 수 있는 가장 강력한 개입은 '그럴 수 있다'라는 수용의 태도라고도 한다. 우리가 사랑하는 아이들의 학습 코드를 이해하고 부모, 교사가 함께 성장하는 길을 보여주는 최고의 가이드북이다.

고현숙 | 국민대학교 교수, 코칭경영원 대표코치

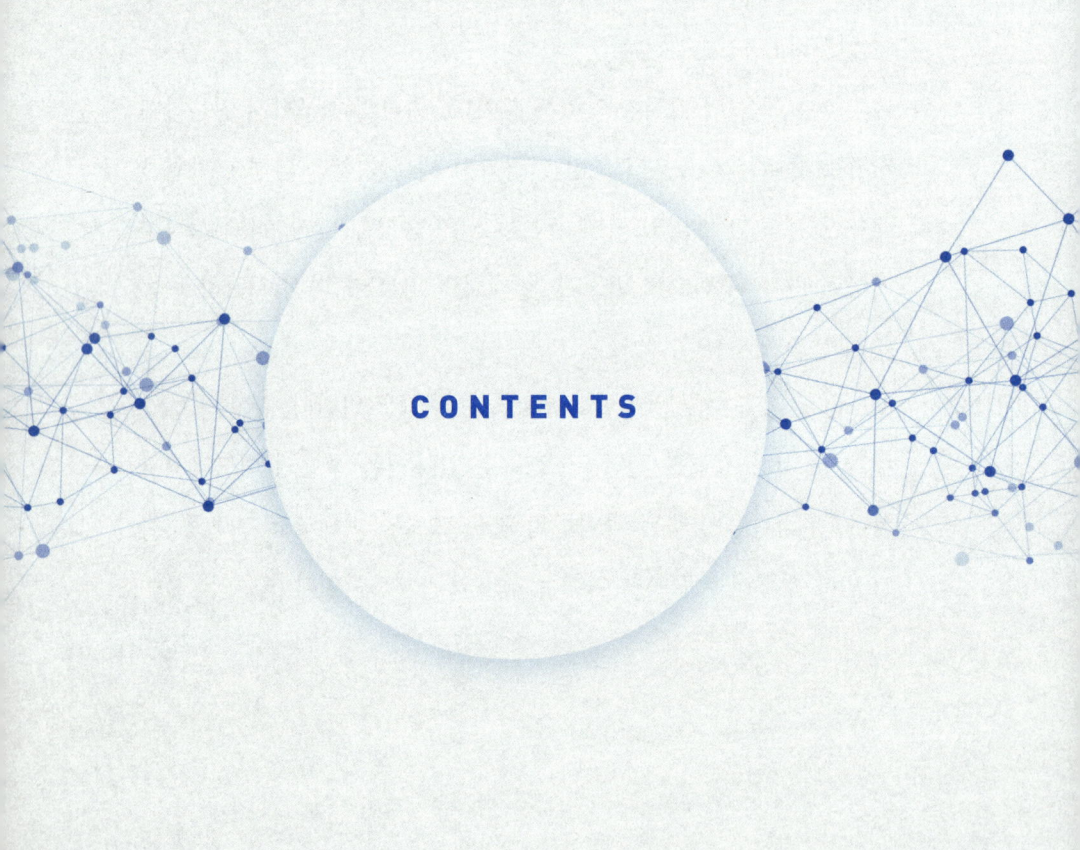

CONTENTS

프롤로그 우리 아이, 뇌과학으로 공부가 제대로 달라진다 · 16

1장
뇌과학이 밝혀낸 학습 코드의 비밀

| 1 | 부모의 뇌는 아이의 우주다 · 22
"부모 탓"이라는 말은 틀렸다 · 23
세계 최고 교육열의 빛과 그림자 · 24
뇌를 알면 자녀 교육에 길이 보인다 · 26

| 2 | 공부는 뇌가 한다 · 30
'뇌' 이해에서 시작되는 진짜 공부 · 31
1만 명에게는 1만 개의 학습 코드가 있다 · 33
뇌가 공부하게 하는 학습 설계를 하라 · 36

| 3 | 분명 외웠는데도 왜 자꾸 잊어버릴까?: 기억의 뇌 · 40
기억이란 정보 저장이 아닌 감정과 맥락의 결합 · 41
벼락치기만 하던 아이가 달라졌어요 · 45
부모가 함께하는 최고의 기억 훈련 · 47

| 4 | 공부는 뇌의 브레이크가 좌우한다: 자기 조절의 뇌 · 50
전두엽에서 비롯되는 자기 조절력의 모든 것 · 52
잘 발달한 '뇌의 브레이크'는 평생 든든한 버팀목 · 54
가족과 놀면서 자기 조절력을 높이는 4가지 활동 · 58

| 5 | **정서가 안정되어야 전두엽이 활성화된다: 감정의 뇌** · 60

    감정은 뇌에 우선순위 넘버원 · 62
    감정의 안전지대를 만들어야 하는 이유 · 64
    감정 다루기, 아이는 어른을 따라 배운다 · 66
    감정 조절에 도움을 주는 5가지 활동 · 68

| 6 | **집중력, 끌리는 뇌가 만드는 마법: 집중의 뇌** · 70

    부모가 주목해야 할 집중력의 3가지 특징 · 72
    자극이 쏟아지는 디지털 시대, 아이의 집중력을 지켜라 · 75
    우리 집에서 실천하는 디지털 기기의 사용 조절법 · 79
    일상에서 집중력을 키우는 5가지 활동 · 87

| 7 | **아이의 뇌는 매일 성장하고 있다: 성장하는 뇌** · 90

    뇌의 가소성, 놀라운 성장과 변화의 열쇠 · 91
    아이의 뇌 잠재력을 활짝 꽃피우는 법 · 93
    어떻게 말해야 아이의 뇌 발달에 도움이 될까? · 95
    뇌 발달을 돕는 효과적인 피드백은 따로 있다 · 98
    뇌 발달 여정에서 필요한 부모의 마음가짐 · 99

| 8 | **부모는 최고의 뇌 환경 디자이너: 학습 설계의 뇌** · 102

    공부에 몰입하게 하는 학습 공간의 디자인 원칙 · 104
    온 가족이 동참한 21일 공간 실험의 기적 · 107
    공부 잘되는 집을 만드는 체크리스트 · 109

| 9 | **작은 반복이 만드는 거대한 변화: 습관의 뇌** · 112

    작은 습관이 쌓이고 쌓여 정체성 변화를 이끈다 · 113
    뇌는 반복보다 루틴을 기억한다 · 115
    습관을 만들 때 참고하면 좋을 것들 · 118
    나쁜 습관을 180도 바꾸는 아주 작은 실천 · 122
    아이의 학습 및 생활 루틴, 이렇게 만들어보자 · 124

| 10 | **시작하는 힘이 모든 변화의 출발점: 실행력의 뇌** · 126

　　전두엽의 실행 기능이 아이를 움직이게 한다 · 128
　　작심삼일은 성격이 아닌 시스템 문제 · 130
　　생활 속에서 실행력을 높이는 방법들 · 135

2장
뇌과학으로 새롭게 그리는 공부 지도

| 11 | **잘 자고, 잘 먹고, 잘 뛰노는 아이가 공부도 잘한다** · 144

　　수면, 뇌가 스스로 정비하는 마법 같은 시간 · 147
　　운동을 시작하는 순간, 뇌가 깨어난다 · 148
　　꾸준한 운동의 비결은 '함께'에 있다 · 151
　　공부하는 아이를 위한 시간별·학습 목적별 운동법 · 152
　　'두 번째 뇌' 장을 관리하라 · 154
　　뇌에 독이 되지 않는 음식을 선택하라 · 156
　　몸과 마음은 하나, 건강이 우선인 까닭 · 158

| 12 | **"도대체 공부는 왜 해야 해요?"** · 160

　　공부가 싫었던 명문대생의 속 이야기 · 162
　　성적표 너머, 아이의 노력과 진심을 보라 · 165

| 13 | **원래 공부를 못하는 아이는 없다** · 168

　　선행 학습은 아이 인생에서 무엇을 잃게 하는가? · 170
　　영재교육원 아이들의 공통점, 긍정적 학습 코드 · 174
　　아이는 저마다 피어나는 계절이 있다 · 176

| 14 | 뇌의 힘이 만든 인생의 터닝포인트 · 178

    단어는 아는데 문장 뜻은 몰랐던 바바라 애로우스미스 영 · 180
    학교조차 포기한 ADHD '리틀 몬스터' 로버트 예르겐 · 184
    불가능을 가능으로 만든 사람들이 주는 희망 · 189
    공부에 대한 새로운 뇌과학 패러다임 · 190

| 15 | 무조건 받아주라는 말이 아니다 · 194

    아이의 화난 감정을 수용했을 때 벌어지는 일 · 196

3장
뇌를 읽는 상담심리학자의
상담 아카이브

| 16 | 일상생활 문제에 대한 성장변화법 · 206

    CASE 1. 게임 중독자에서 요리 꿈나무로 변신! · 207
    CASE 2. 100점 스트레스에서 탈출해 건강을 되찾다 · 212
    CASE 3. 꿈이 생기니 공부가 하고 싶어졌다 · 216

| 17 | 학습 문제에 대한 성장변화법 · 220

    CASE 1. 뇌 사용법을 바꾸자 학습 효율과 성적이 껑충 · 221
    CASE 2. 감정을 다스리면 집중력이 폭발한다 · 228
    CASE 3. 보는 공부법으로 듣기 장벽을 뛰어넘다 · 235
    CASE 4. 초등 우등생의 중1 슬럼프, 일상 루틴으로 극복! · 242
    CASE 5. 뇌와 마음을 안정시켜 시험 공포를 이겨내다 · 249

에필로그 늦은 때란 절대로 없다 · 256

부록 워크북 및 실천 체크리스트 · 262
      뇌 상태 점검 체크리스트 · 266
      뇌 기반 학습 환경 체크리스트 · 268
      뇌 기반 학습 유형 진단 체크리스트 · 270
      하루 루틴 점검 체크리스트 · 276
      주간 성장 기록지 · 278
      월간 성장 기록지 · 280

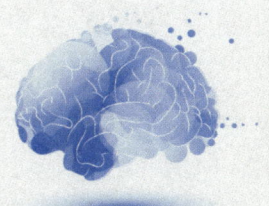

프롤로그

우리 아이,
뇌과학으로 공부가 제대로 달라진다

뇌과학 지식과 상담이 공부에 미치는 놀라운 효과를 알려주고자, 그리하여 아이들이 조금 더 자유롭고 행복하게 자라는 데 도움이 되고자 이 책 『뇌 안에 잠든 학습 코드를 깨워라』를 집필하게 되었다. 상담실과 교육 현장에서 아이들의 맑고 투명한 눈을 마주하면, 가슴 한편이 충만해지고 무엇이든 도와주고 싶은 마음이 샘솟는다. 이토록 순수한 아이들이 잘못된 교육 방식, 과도한 어른의 기대, 그리고 좌절에 제대로 대처하지 못해 괴로워하는 모습을 보면서 견딜 수 없이 안타까웠다.

자녀 교육에 관심과 열의는 있으나 뇌과학에 대해 제대로 알지 못하는 부모가 아직 많다. 부모가 뇌과학을 알면 아이의 공부가 달라진다. 그 차이는 매우 놀라울 정도다. 그뿐 아니라 아이의 마음도 튼튼해진다. 실제로 뇌과학을 바탕으로 한 상담을 받은 아이의 변화는 놀라울 만큼 분명하다. 아이는 마치 나무와 같아서, 잘 성장하지 못하다가도 특성에 맞추어 정확한 교육과 돌봄을 받으면 어느새 푸릇푸릇한 생명력을 회복하기 시작한다. 이 같은 경험을 수없이 하면서 경이와 보람을 느끼다 보니 어느새 연구하는 상담자이자 코치, 교육자로 일한 지 20년이 지났다.

상담은 인간과 인간이 만나 만들어내는 놀라운 상호 작용의 예술이다. 상담심리학 분야의 책을 읽다 보면 가슴이 뜨거워져 눈시울이 붉어지는 경험을 종종 한다. 담담하고 객관적인 문장 아래에 있는 저자의 인간에 대한 깊은 연민, 사랑, 그리고 헌신적인 마음이 절절히 전해져서다. 이런 깊고 귀한 지식을 많은 이와 나누려 책 쓰는 수고를 아끼지 않는 마음, 아니 책으로 기꺼이 나누어준 충만하고 자비로운 마음에 나도 위로받고 지식으로 치유되는 경험을 하게 된다.

오랜 기간 학업과 연구, 상담을 통해 쌓았던 개인적인 지식을 이 책에 차곡차곡 담았다. 또한 현장에서 만난 수많은 아이와 부모님 덕분에 경험한 변화와 성장, 깨달음과 기쁨의 여정이 이 책의 뼈대를 이룬다.

이 책은 크게 세 부분으로 나뉜다. 1장에서는 아이 뇌의 특성과 학습 코드를 자세히 알아본다. 이어서 2장에서는 뇌의 특성을 기반으로 아이가 학습 코드에 맞게 공부하는 방법, 좀 더 나은 성과를 내는 방법을 살핀다. 마지막으로 3장에서는 대표적인 상담 사례를 소개한다. 아이에게 꼭 맞는 맞춤 성장변화법을 통해 문제를 해결한 뒤 한층 발전된 실제 이야기는 길을 찾지 못해 고민이 많은 가정에 길라잡이가 될 것이다.

아이를 만난다는 것은 무한한 가능성과 마주하는 일이다. 나는 상담에서 아이를 만난 후 종종 이 노래 가사를 흥얼거리곤 한다.

> 세상이 이렇게 밝은 것은
> 즐거운 노래로 가득 찬 것은
> 집집마다 어린 해가 자라고 있어서다.

아이는 바로 '어린 해'다. 빛나는 가능성이 꺼지지 않도록, 아이가 자기 뇌의 힘을 알고 삶을 주도할 수 있도록, 우리 어른은 함께 지도를 그려야 한다.

이 책이 그 지도를 위한 작은 등불이 되었으면 한다. 부디 이 책이 여러 부모에게 지식을 전하고 위로가 되어주며, 우리 아이들에게 실질적인 변화의 계기가 되기를 바란다. 한발 나아가 어린 해를 키우며 세상을 밝히는 전국의 교사, 상담사, 교육자, 그리고 아이를 키우는 모든 어른에게 이 책이 따뜻한 울림으로 다가가 함께 공명할 수 있기를 희망한다.

이 책의 출간을 누구보다 기뻐하실,
너무나 갑자기 하늘나라로 가신 딸바보 우리 아빠를 기리며

2025년 10월

이민주

1장

뇌과학이 밝혀낸 학습 코드의 비밀

1

부모의 뇌는
아이의 우주다

핵심

- 아이의 뇌 발달 환경은 부모의 뇌 상태가 결정한다.
- 부모의 정서 상태가 아이의 뇌 구조와 정서 조절 능력을 직접 변화시킨다.
- 경쟁 사회에서 스트레스를 해결하려면 뇌의 작동 원리를 이해하고 활용해야 한다.
- 부모와의 즐거운 경험이 아이의 회복 탄력성을 강화하는 신경전달물질 수용체를 생성한다.
- 아이의 건강한 뇌 발달을 위해 부모가 먼저 행복해져야 한다.

"부모 탓"이라는 말은 틀렸다

　　　　　　　　세상의 결론은 어떻게 해도 다 부모다. 사실 이런 식의 협박, 책임 전가, 죄책감 유발, 공포 마케팅을 나는 매우 싫어한다. 나는 태생이 청개구리 기질에 모성애도 별로 없고, 청소년기에는 장차 자라서 어른이 되는 것은 곧 커리어우먼이 되는 것인 줄 알았던 사람이다. 짜잔 해피엔딩으로 결혼하는 결말 이후에는 영화에 나오는 신혼부부처럼 쭈욱 살게 될 줄 알았다.

　그런데 결혼하고 "어, 어…" 하다 보니 아이가 태어났다. '신부'에서 '엄마'로 호칭부터 급격한 전환을 겪었다. "누구 엄마"로 처음 불렸던 충격적인 순간부터 지금까지 아이들을 키워보니 온 세상이 자꾸 엄마 탓이라고 한다. 건강하던 애가 조금 아파도, 잘하던 애가 조금 못해도 당연히 부모 탓이다.

　그런데 뇌과학을 공부하면 할수록 "부모 탓"이라는 말은 틀렸다는 것을 알게 된다. 부모는 그냥 아이의 우주다. 신경과학, 뇌과학,

후성유전학, 체계적 가족 이론, 생물심리사회학 등 수많은 학문이 내놓은 연구 결과는 모두 한 방향을 가리킨다. 부모의 몸, 감정, 마음의 상태는 아이와 연결되고, 아이의 발달과 상태를 조절하며 정서적으로 공명하여 아이의 뇌를 만드는 환경이 된다.

후성유전학에서는 산모의 산후 우울증이 신생아의 뇌 구조를 바꾼다고 한다. 산모의 정서 상태가 뇌의 물리적 구조를 변화시키고 이후 아이의 조절 능력, 체중, 정서적 특성에 영향을 주는 기제를 밝혀냈다. 즉, 우울한 엄마의 뇌는 아이에게 신체 조절 능력의 저하, 체중 증가, 정서 취약 등 부정적인 결과가 낳는다.

세계 최고 교육열의 빛과 그림자

한석봉의 어머니까지 언급하지 않아도 우리나라 부모의 교육열이 기준과 수준과 강도에서 전 세계 어느 나라와 비교해도 타의 추종을 불허한다는 사실은 모두가 인정하는 바일 것이다. 영국에는 서머힐스쿨Summerhill School이라는 대안 학교가 있다. 새로운 교육 철학으로 소위 말하는 극심한 문제아를 다시 태어나게 해 세계 교육계에 큰 파장을 일으킨 학교다.

언젠가 나는 한 강연에서 서머힐스쿨의 교육 철학을 소개했다.

회복 불가능할 정도로 망가졌던 아이들의 변화와 성장에 대한 감동적이고 아름다운 이야기에 이어 서머힐스쿨의 설립자 알렉산더 서덜랜드 닐Alexander Sutherland Neill의 교육 철학에 관해 전했다.

"서머힐스쿨의 목표는 불행한 교수를 키우는 대신 행복한 거리 청소부를 키워내는 것입니다."

그런데 이 말을 들은 한 학부모가 손을 들고 말했다.

"왜 행복한 청소부만 키우나요? 행복한 교수도 키우면 되잖아요?"

그렇다. 이것이 우리나라 부모의 솔직한 바람이다. 이런 바람은 한국을 전 세계에서 전무후무한 속도로 발전시킨 중요한 동력으로, 이제 우리나라는 선진국을 따라가는 수준을 뛰어넘어 세계의 기준을 새로 만들어가고 있다. 하지만 그 과정에서 우리 사회는 엄청나게 무시무시한 부작용을 정면으로 맞닥뜨리는 중이다. 청소년·성인·노인 자살률, 삶의 만족도 등 여러 통계 지표는 눈부신 경제적 성과와 대비할 때 처참한 수준이다.

이처럼 기준이 높고 효율을 중시하며 경쟁이 치열한 우리 사회에서 뇌를 알고 제대로 쓰면 건강하고 행복하게, 아니 덜 괴롭고 덜 힘들 수 있다. 공부든, 업무든, 성공이든, 경쟁이든, 내가 하고 싶은 것은 뭐든 말이다.

그리고 내 뇌를 알면, 내 강점과 약점은 물론 개성과 특성도 이해하게 된다. 내게 맞는 공부법, 진로, 업무까지 찾아낼 수 있다. 내 뇌를 알면 알수록 나에 대해 더 많이 알게 된다. 정체성, 특성, 삶의 방식, 대인 관계, 방향성, 성격 등 인생에서 중요한 대부분의 것이 결국은 뇌가 만들어내는 결과다.

뇌를 알면
자녀 교육에 길이 보인다

뇌는 나만의 기관이 아니라 우리를 위한 사회적 기관이기도 하다. 과학자들은 뇌가 다른 장기와 달리 사회적 기관이라는 증거를 계속해서 밝혀내고 있다. 유전자는 숙명이 아니다. 아이의 뇌 발달과 성장은 출생 후 필연적으로 경험하는 양육자와의 사회적 관계에 크게 좌우된다. 부모는 아이의 우주이자, 아이의 뇌가 발달하고 성장하는 환경이며, 뇌의 기본 틀을 만드는 존재로서 사실상 아이의 전부라 할 수 있다.

부모가 되기 전까지는 부모가 된다는 것이 아이에 대해 이토록 어마어마한 책임과 영향력을 갖게 되는 것인지 짐작하기 어렵다. 나 역시 그랬다. 출산 후에 내 몸, 수면 리듬, 생활 반경 등 모든 것을 아이에게 맞추어 산 지 한 달쯤이 되었을 때 산후 우울증이 찾아왔다. 당시 굵은 눈물방울을 흘리는 한편, 무려 발까지 바둥거리며 내가 했던 말은 아직도 식구들 사이에서 회자된다.

"나 이제 어떡해. 이제 맘대로 죽지도 못해. 얘 밥 줘야잖아~ 엉엉엉."

신생아 부모 때부터 초중고생 부모까지 각기 다른 무게의 부담감을 느끼기 마련이다. 그렇지 않아도 부모의 역할 때문에 이미 부담감에 압도될 것 같은데, 한술 더 떠서 부모 뇌가 아이의 우주라니! 하지만 오해하지 마시라. 내가 하고 싶은 말은 그래서 부모라면 아이를 위해서라도 본인부터 편하고 행복하고 즐거워야 한다는 것이다. 아이가 건강하고, 회복 탄력성이 좋고, 정서적으로 안정되고, 부정적인 자극에 취약하지 않고, 자기 조절력이 뛰어난 어른으로 성장하기를 바란다면, 아이의 우주이자 환경이자 토양인 부모의 뇌가 편안해야 한다. 이것이 기본적인 전제 조건이다.

자신을 위해 시간을 쓸 때 나도 모르게 눈치가 보이거나 죄책감을 느끼는 부모의 기막히고 구구절절한 이야기는 상담실에 차고 넘친다. 앞으로는 절대 그러지 말자. 부모가 정서적으로 안정되고 행복해야 아이의 뇌도 잘 자란다. 부모의 행복은 부모만을 위한 것이 아니다.

이를 뇌과학적 증거로 설명해보겠다. 부모와 즐거운 경험을 하면 한창 발달 중인 아이 뇌에서 변화가 나타난다. 정서를 담당하는 편도체 부위에서 정서 조절을 위한 신경전달물질을 흡수하는 수용체가 더 많이 만들어진다. 이 수용체가 많은 아이는 수용체가 적은 아이보다 불안, 스트레스, 두려움과 같은 부정적인 자극을 받는 상황에서 감정 상태를 더 잘 조절한다. 다른 말로 '회복 탄력성이 더 뛰어나다'라고 할 수 있다.

반대로 부모나 양육자가 우울, 불안과 같은 심리적 어려움을 겪고 있거나 정신 병리, 폭력적인 성향이 있으면 아이에게서 반대의 발달이 일어나 불안, 스트레스 두려움 같은 자극에 취약해진다. 나아가 신체적·사회적 어려움을 겪을 가능성이 훨씬 커지며, 이는 성인이 되어서도 영향을 끼친다.

결국 아이의 뇌를 위한 최고의 환경 디자인은 부모가 자신의 뇌를 먼저 이해하고 조율하는 데서 시작된다. 이제부터 소개하는 뇌를 건강하게 유지하고 최적화하는 방법과 원리는 아이뿐 아니라 어른에게도 똑같이 적용된다. 부모가 아이와 함께 한 가지씩 삶에 적용하다 보면 부모와 아이의 뇌가 좀 더 행복해지고, 궁극적으로 아이의 성공 확률도 훨씬 높아질 것이다.

뇌 안에 잠든
학습 코드를 깨워라

2

공부는
뇌가 한다

핵심

- 학습 문제는 의지가 아닌 뇌의 작동 방식에서 비롯된다.
- 뇌는 불안하면 학습 회로를 차단하고 생존 회로를 작동시킨다.
- 불안 기반 동기는 장시간 공부해도 학습 효율을 떨어뜨린다.
- 부모의 진짜 역할은 아이의 뇌 환경 디자이너여야 한다.
- 학습 성과는 설계와 루틴의 과학으로 달성할 수 있다.

'뇌' 이해에서 시작되는
진짜 공부

부모는 아이의 공부를 돕기 위해 다양한 시도를 한다. 가정에서 습관을 관리하며, 동기를 북돋우려 노력하고, 사교육을 알아본다. 하지만 아이에게서 좋은 변화가 쉽게 일어나지 않는다. 이럴 때 부모는 의문을 품는다.

- '우리 아이는 왜 이렇게 집중을 못할까?'
- '우리 아이는 왜 외운 걸 금세 잊어버릴까?'
- '우리 아이가 다른 아이보다 의지가 약한 걸까?'

이 질문들의 진짜 해답은 '뇌'에 있다. 공부는 뇌가 하는 일이며, 뇌는 생물학적 시스템이다. 인간은 발달 속도와 자극에 대한 반응, 선호하는 처리 방식이 각각 다른데 이는 곧 학습 방식의 차이로, 결과의 차이로 이어진다. 그러므로 아이의 뇌 상태를 모른 채 학습을 지도하는 것은 마치 눈 감고 길을 가는 것과 같다.

아이가 산만하고 공부를 못하는 것을 아이의 문제로 돌리기 전에, 아이의 뇌가 어떤 상태인지부터 아는 것이 먼저다. 인간의 뇌는 불안하면 생존 모드로 전환되어, 방어 회로를 켜고 학습 회로를 꺼 버린다. 뇌는 감정 지향적인 데다가 에너지 효율을 중요하게 여긴다. 따라서 아이가 심리적 안전감을 느끼고 긍정적 정서를 경험할 때 뇌의 학습 효율성이 극대화된다.

결국 아이의 기억, 감정, 집중력, 습관, 실행력 등 모든 학습 행동은 뇌의 작동 방식에서 출발한다. 부모가 아이의 뇌 환경 디자이너가 되어야 하는 이유다. 그저 의지만 강조하지 말고, 뇌가 정보를 어떻게 처리하고, 어떤 자극에서 에너지를 얻으며, 무엇에 반응하는지를 이해한 다음에 뇌가 좋아하는 방식으로 학습을 설계할 필요가 있다.

예를 들어, 같은 수학 문제집을 풀더라도 어떤 아이는 조용한 방에서 혼자 책상에 앉아 있을 때 가장 잘 집중하지만, 어떤 아이는 거실 소파에 비스듬히 누워서 혹은 음악을 들으면서 문제를 오히려 더 많이 푼다. 그리고 어떤 아이는 문제를 다 풀고 나서 부모가 채점하고 칭찬해줄 때 공부할 의욕을 더 보이나, 또 다른 아이는 스스로 채점하고 틀린 문제를 바로 다시 풀어보는 과정에서 성취감을 느낀다.

영어 단어를 외울 때도 마찬가지다. 어떤 아이는 단어장을 보며 조용히 반복해서 읽을 때 영어 단어를 잘 외운다. 그러나 어떤 아이는 소리 내어 읽거나 몸을 움직이며 외울 때, 또 어떤 아이는 단어로 문장을 만들어보거나 그림을 그려가며 외울 때 영어 단어를 더 오래 기억한다.

이런 차이는 게으름이나 의지의 문제가 아니다. 각자의 뇌가 정보를 처리하는 방식, 에너지를 얻는 자극, 반응하는 패턴이 다를 뿐이다. 그런데 부모는 공부하라고 할 때 아이에게 한 가지 방식만 강요하기 쉽다. 그러니 아이도 힘들고, 부모도 답답하다.

그런데 여기서 흥미로운 역설이 생긴다. 부모가 아이의 뇌 환경을 디자인하려면 먼저 자신의 뇌가 어떻게 작동하는지 알아야 한다. 부모의 뇌 상태가 곧 아이의 뇌 환경이 되기 때문이다. 스트레스받은 부모의 뇌에서 나오는 신호는 아이의 뇌를 방어 모드로 전환하고, 차분한 부모의 뇌에서 나오는 안정감은 아이의 학습 코드를 활성화해 학습 모드를 열어준다.

1만 명에게는
1만 개의 학습 코드가 있다

학습 코드란 아이의 선천적 기질과 후천적 환경이 복합적으로 작용하여 만들어진 고유한 학습 특성이다.

뇌의 신경생물학적 특성, 유전적 요인, 환경에 따라 유전자 발현이 달라지는 후성유전학적 변화가 통합되어 형성된다. 여기에 양육 방식, 반복된 성취와 실패 경험, 교육 환경, 그리고 그 과정에서 형성된 품성과 역량까지 더해져 개인만의 학습 작동 체계가 완성된다.

예를 들어, 같은 수학 문제를 제시해도 반응은 아이마다 완전히 다르다. 한 아이는 문제를 보자마자 그림을 그리며 시각적으로 이해하려 하고, 다른 아이는 소리 내어 읽으며 청각적으로 정보를 처리한다. 또 어떤 아이는 혼자 조용히 생각할 때 집중을 잘하지만, 다른 아이는 친구와 같이 공부할 때 빨리 이해한다.

이와 같은 차이는 타고나는 것만은 아니다. 유전적으로 물려받은 뇌의 기본 설계도 위에, 어릴 때 그림책을 많이 읽으며 시각 피질이 발달한 아이, 부모와 대화하며 언어 영역의 신경 회로가 강화된 아이, 작은 성공을 반복하며 도파민 회로가 활성화된 아이, 반대로 만성적 스트레스 환경에서 편도체가 과민해진 아이…. 이 모든 것이 학습 코드 형성에 영향을 준다. 환경은 단순히 외부 자극에 그치지 않고, 유전자의 발현 방식까지 바꾸며 뇌를 재구성한다.

1만 명의 아이가 있다면 1만 명의 서로 다른 학습 코드가 존재한다. 마치 아이의 얼굴이 저마다 고유하고 섬세한 특징을 지니듯, 학습 코드 역시 그 아이만의 독특한 패턴과 리듬이 있다. 학습 코드를 안다는 것은 바로 우리 아이만의 고유한 학습 언어를 이해하고, 이에 맞추어 가장 효과적인 학습 환경을 설계할 수 있음을 뜻한다.

학습 코드란 개인이 학습할 때 발현되는 모든 뇌 활동과 행동 패턴을 아우르는 통합적 시스템을 의미한다. 아이마다 선호하는 정보 처리 스타일이나 공부 방식이 다르고, 흥미와 호기심을 유발하는 요인도 제각각이다. 동기가 생기는 상황이나 동기를 끌어내는 요소 역시 개인차가 크다. 뇌의 특성과 행동 특성, 습관 패턴, 인지 특성, 환경적 요인, 그리고 이전의 성공 경험과 실패 경험, 학습에 대한 신념까지 모든 것이 결합되어 모든 아이가 자신만의 학습 코드를 형성한다.

학습 코드의 한 요소인 습관 형성에서 환경의 힘은 절대적이다. 같은 장소에서 같은 행동을 반복하면 그 장소 자체가 행동을 유발하는 신호가 된다. 빛의 세기, 천장의 높이, 벽의 색깔, 책상의 배치, 심지어 방 안의 습도와 향기까지도 학습 코드를 구성하는 요소다. 이런 여러 요소가 함께 작용하여 학습 모드로 전환되는 데 영향을 미친다. 그렇게 하면 시간이 흘렀을 때 아이가 그 공간에 앉기만 해도 학습 코드가 활성화되면서 학습 모드로 전환된다.

내 학습 코드를 제대로 이해하면 나만의 학습을 체계적으로 설계할 수 있다. 어떤 부분을 바꾸거나 개선해야 할지도 학습 코드를 파악하면 명확해진다. 하나의 개별 요소만 보고 분석해서는 학습에 큰 변화를 만들어내기 어렵다. 학습은 여러 요소가 유기적으로 결합한 종합적인 인간 수행의 예술이기 때문이다. 결국 학습 코드를 이해한다는 것은 아이라는 존재 전체를 학습이라는 렌즈로 들여다

보는 일이며, 이를 통해 진정한 학습의 최적화가 가능해진다. 우리 아이의 학습 코드가 어떻게 구성되어 있는지 너무 궁금할 것이다. 앞으로 차근차근 하나씩 설명하겠다.

학습 코드의 최적화를 위한 최고의 환경 디자인은 부모 자신의 뇌를 먼저 이해하고 조율하는 데서 시작된다. 이 책에서는 부모가 실제로 적용할 수 있는 구체적인 방법을 단계별로 제시한다. 먼저 자신의 뇌 상태를 점검하고 조절하는 법부터 아이의 뇌 유형을 파악하는 방법, 그리고 상황별로 아이의 학습 코드를 자동으로 작동시켜 뇌를 학습 모드로 전환하는 환경 설계법까지 다룬다.

더 이상 '우리 아이는 왜 이럴까?' 하고 고민할 필요가 없다. 대신 '우리 아이의 뇌는 지금 어떤 상태고, 어떤 환경에서 가장 잘 작동할까?'를 생각해보자. 이처럼 학습 코드에 대한 뇌과학적 이해를 바탕으로 한 체계적인 접근은 아이와 부모 모두에게 놀라운 변화를 가져다줄 것이다.

뇌가 공부하게 하는 학습 설계를 하라

OECD 국가의 평균적인 청소년 학습 시간은 주당 33.92시간인 데 비해, 우리나라 청소년은 주당 49.43시간을 공부한다. OECD 국가의 평균보다 우리나라 청소년이 15.51시간, 즉 약 45.7퍼센트 더 많이 공부하고 있는 셈이다. 그뿐 아니라 우리나라 청소년은 학업 성취도가 높다. 하지만 학습 효율 측면에서 한국은 '많이 공부해도 점수 대비 효율이 세계 최하위권'으로, '적게 공부하고도 비슷한 성취를 내는 고효율 국가'인 핀란드·캐나다 등과 선명하게 대비된다.

이러한 학습 시간의 역설 뒤에는 뇌과학적인 이유가 있다. 많은 아이가 '공부를 안 하면 큰일 나'라는 불안감을 느끼며 책상에 앉는다. 문제는 이 같은 만성적 불안이 뇌의 학습 능력을 저하시킨다는 것이다. 만성적 스트레스에 시달리는 사람은 학습과 기억을 담당하는 해마의 부피가 줄어들고, 계획과 실행을 담당하는 전두엽의 기능도 저하된다. 스트레스 호르몬에 계속 노출되면 뉴런이 수축하여 해당 부위의 뇌 부피가 줄어든다.

실제로 고문을 당하거나 전쟁 포로가 된 사람들은 대부분 극도로 신경이 쇠약해져서 어린아이와 같은 모습을 보이며 적군이나 교도관에게 의존하는 퇴행적인 모습을 보인다. 그러나 같은 상황에서도 스트레스를 조절하고 적응하는 능력을 발휘하는 소수가 있다. 미국 공군이 이 현상을 연구한 결과, 극단적인 스트레스 상황에서도 신념이나 믿음을 지켜낸 사람들에게서 공통점을 발견했다. 그들은 스스로 상황을 통제할 수 있다고 믿었다. 다시 말해, 통제력을 스스로 행사할 수 있다고 믿는 사람은 매우 극단적인 스트레스 상황에서도 쉽게 굴복하지 않았다. 그 원인은 스트레스 호르몬인 코르티솔의 분비량에 있었다. 내가 나를 조절할 수 있고, 상황을 통제할 수 있다고 믿는 사람의 코르티솔 분비량은 내게 통제력이 없고 외부 상황에 따를 수밖에 없다고 생각하는 사람의 코르티솔 분비량보다 적었다. 그리고 놀랍게도 코르티솔의 분비는 후천적인 훈련으로 조절할 수 있었다.

그러므로 한국에서 공부하는 우리 아이들에게는 스트레스를 조절하는 자기 통제력 훈련이 필요하다. 물론 적절한 수준의 긴장감은 학습을 촉진할 수 있다. 하지만 만성적 불안 상태에서는 뇌가 위험 신호를 탐지하는 데 상당한 에너지를 소모하기에 책상에 오랜 시간을 앉아 있어도 학습 효율은 높지 않다. 부모는 아이의 뇌가 안정되고, 호기심을 느끼며, 자연스럽게 공부를 반복할 수 있는 환경을 구축해주어야 한다. 이것이 구체적인 공부법을 알려주는 것보다도 우선되어야 한다.

안타깝지만 우리나라 교육은 시험에서 실수하지 않도록 훈련하는 과정에 가깝다. 역량을 키우고 탐구하고 시행착오를 겪으면서 답을 찾아가는 과정에서 아이가 재미를 느끼지 못하는 이유는 그럴 시간이 없어서다. 그래서 선행이 그토록 중요한 것이다. 남보다 먼저 교과 과정을 다 끝내고 절대 실수하지 않게 무수히 반복할 시간을 많이 확보할수록 유리하기 때문이다.

이런 초경쟁적인 입시와 교육 현실을 고려하더라도, 뇌의 특성에 맞는 환경을 설계하면 아이는 불안에 에너지를 소모하지 않고 온전히 학습에 뇌의 자원을 집중할 수 있다. 뇌는 놀라울 정도로 가소성可塑性이 높다. 인간의 뇌는 고정되어 있지 않고 지식이나 경험이 쌓이면서 변화하는 놀라운 특성이 있어, 부모는 아이의 뇌에 변화를 일으키는 건축가가 될 수 있다. 이때 훈육이 아니라 뇌를 과학적으로 설계하는 것이 중요하다. 그리고 뇌의 작동 원리를 기반으로 설계하면 스트레스도 잡고 공부 효율까지 높일 수 있다. 이렇게 자신의 학습 코드를 찾아서 공부법을 뇌에 맞게 바꾸고 변화하는 아이를 만나면 나 또한 정말 상담할 맛이 난다. 옆에서 지켜만 보아도 신나는데 당사자는 얼마나 기쁠까?

이제부터 차근차근 뇌의 작동 원리를 바탕으로 아이의 학습 코드를 찾고 기억력, 집중력, 자기 조절력, 실행력을 키우는 방법을 짚어보겠다. 아이의 학습 성과는 설계와 루틴의 과학으로 만들어진다는 것을 반드시 기억하자. 열쇠는 뇌에 있다. 우리 아이도 분명 긍정적인 변화를 경험하고 기쁨을 만끽할 수 있다.

3

분명 외웠는데도
왜 자꾸 잊어버릴까?

: 기억의 뇌

핵심

- ° 기억 실패의 원인은 장기 기억으로 전환이 안 되어서다.
- ° 기억은 감정과 맥락이 결합된 형태로 저장된다.
- ° 장기 기억은 반복, 감정 연결, 출력 훈련, 그리고 간격 복습을 통해 형성된다.
- ° 벼락치기는 시냅스 강화와 뉴런의 연결에 필요한 시간이 부족해 효과가 없다.
- ° 부모의 질문과 경청은 아이의 기억 인출과 강화를 돕는다.

"선생님, 우리 아이는 진짜 열심히 외운다니까요. 그런데 시험지만 받아 들면 생각이 안 난다고 해요."

내가 부모에게 가장 많이 듣는 말 중 하나다. 아이 본인도 이렇게 말한다. "진짜 외웠어요. 방금 전까지는 알고 있었는데, 시험지 딱 보는 순간 기억이 안 나요. 진짜예요."

이 말은 거짓이 아니다. 정말로 기억이 나지 않는 것이다. 학습 정보가 장기 기억으로 저장되지 못한 것이 원인이다. 또한 아이는 학습한 정보를 저장했으나 '꺼내지 못하는 상태', 즉 인출 실패를 겪는 것일 수 있다.

기억이란 정보 저장이 아닌 감정과 맥락의 결합

기억이란 정보 등이 단순히 저장되는 것이 아니다. 뇌는 정보를 의미 있는 자극으로 변환하여 저장한다. 이

때 가장 강력한 연결 고리는 '감정'과 '맥락'이다. 즉, 감정이나 맥락 없이 외우면 기억이 쉽게 사라진다.

시험 상황은 뇌에 스트레스 자극이다. 뇌가 위협을 감지하면 스트레스 호르몬인 코르티솔이 분비되어 기억 인출 회로의 기능이 전반적으로 저하된다. 정보가 이미 저장되어 있다 해도 불안과 스트레스 상태에서는 전전두피질과 측두엽 등 기억 인출을 담당하는 뇌 영역의 협조가 원활하지 않아 기억이 제대로 인출되지 않는다. 또한 스트레스는 작업 기억의 용량을 줄이고 정보 처리 속도를 현저히 떨어뜨린다.

시험을 보는 아이는 외운 게 기억이 안 난다고 느끼지만, 실제로는 스트레스로 인해 저장된 기억을 꺼내 오는 과정과 그 기억을 활용하여 문제를 푸는 인지적 처리 과정이 방해받는 상태다. 기억에는 여러 종류가 있는데 장기 기억에 저장되어야 인출된다. 기억이 장기화되는 과정은 다음처럼 3단계로 설명할 수 있다. 이를 알면 어떻게 정보를 저장해야 할지 이해가 될 것이다.

정보가 장기 기억으로 저장되는 과정

- 1단계: '감각 기억'이 생성된다. 이 단계에서는 눈, 귀, 피부 등 감각 기관으로 들어온 자극과 정보가 몇 초간 머문다.
- 2단계: '단기 기억' 혹은 '작업 기억'이 생성된다. 이전의 감각 기억 단계의 정보 중 주의(주목)을 받은 정보만 몇 초, 길게는

몇 분까지 유지된다.
- 3단계: '장기 기억'으로 전환이 이루어진다. 이 과정에서 반복 학습, 기존 지식과의 연결, 감정, 맥락적 의미 등이 중요한 역할을 한다. 이러한 요소가 역할을 잘할수록 정보가 장기 기억으로 안정적으로 전환될 가능성이 커진다.

아이가 자주 겪는 기억 실패는 대체로 기억이 단기 기억에 머물고 장기 기억으로 넘어가지 못했거나 저장된 기억을 인출하지 못한 결과다. 그러므로 부모는 아이가 학습한 정보를 장기 기억화하도록 도와야 한다. 이때 아이의 학습 코드를 파악하면 기억 저장과 인출 과정을 크게 최적화할 수 있는데 다음과 같은 방법이 유용하다.

장기 기억을 만드는 방법

- 반복 루틴: 일정한 시간과 장소, 방식으로 복습한다. 아이의 학습 코드에 맞는 최적의 반복 패턴을 찾는 것이 중요하다. 이에 대해서는 뒤에서 여러 사례로 다룬다.
- 맥락과 서사 연결: 학습 내용을 기존의 지식, 일상 경험이나 이야기와 연결하여 의미를 부여한다. 단순 암기를 하지 말고, '왜 중요한지', '언제 사용되는지' 등 맥락을 함께 학습한다. 아이가 선호하는 정보 처리 스타일에 맞게 연결 방식을 조정하면 학습 코드가 더 효과적으로 작동한다.

- 시각 자극: 그림, 도식, 색상 등 시각 자료를 활용한다.
- 출력 훈련: 기억하려는 정보를 누군가에게 설명하고 말한다. 이렇게 훈련하면 기억된 정보를 더 능숙하게 출력할 수 있다. 그리고 정보를 출력해보면 입력 과정과 처리 과정의 오류를 자연스럽게 발견하고 수정할 수 있어 더욱 정교하고 정확하게 정보가 저장된다.
- 간격 반복: 1일→3일→7일 간격으로 복습한다. '간격 효과Spacing Effect'라고 불리는 이 원리는 뇌과학 연구로 효과가 확인되었다. 2011년 한국 연구진이 초등학생 161명을 대상으로 20주간 실험을 진행했는데, 간격을 두고 반복 학습한 그룹이 일반 학습 그룹보다 어휘 학습에서 유의미한 향상을 보였다. 뇌가 정보를 장기 기억으로 전환하는 과정은 뉴런 간의 연결, 즉 시냅스를 강화하는 것과 관련이 있다. 간격 반복으로 동일한 정보가 일정 시간 후에 다시 입력되면서 이미 형성된 시냅스를 다시 자극해서 활성화하고, 이를 통해 장기 시냅스 강화Long-Term Potentiation, LTP 현상이 촉진된다. 이처럼 간격 반복을 통한 분산 학습은 뇌가 새로운 정보를 효율적으로 부호화하고 통합하도록 유도하여 학습 효과를 극대화한다.

결국 효과적인 기억 전략이란 아이의 고유한 학습 코드를 이해하고, 이에 맞게 감정과 맥락을 연결하는 방식을 설계하는 것이다.

같은 정보라도 아이의 학습 코드에 최적화된 방식으로 저장하면 기억의 지속성과 인출 효율성이 크게 달라진다.

벼락치기만 하던 아이가 달라졌어요

14세 재영이는 시험 전날까지 시험 범위에 속하는 교과 내용을 여러 번 외우지만 시험만 보면 막상 과학 용어도 수학 공식도 떠오르지 않는 문제를 겪고 있었다. 재영이의 학습 패턴과 방식을 분석해보니 시험이 임박한 긴장 상태에서 벼락치기를 하는 공부 방식이 문제였다. 시험이 얼마 남지 않아 다급해진 며칠 전부터 바로 전날 밤까지 수차례 공부했기에 외웠다고 느꼈으나, 공부한 내용이 단기 기억에만 저장되었을 뿐 장기 기억으로 저장되지 않았던 것이다. 재영이의 학습 코드는 스트레스 상황에서 단기 암기에만 의존하는 패턴으로 고착화되어 있었다.

장기 기억으로 저장되는 데는 충분한 시간이 필요하다. 뇌과학적으로 정보가 장기 기억으로 저장되려면 뉴런 사이의 연결 부위인 시냅스에서 물리적 변화가 일어나야 한다. 서울대학교 강봉균 교수팀의 연구(2011)에 따르면, 기억은 특정 단백질들이 새롭게 합성되어 시냅스 연결을 강화하는 과정을 통해 뇌에 단단히 저장된다. 그리고 이 과정에는 보통 며칠이 걸린다.

그런데 재영이처럼 시험이 코앞에 닥쳤을 때 공부를 하면 이런 생물학적 기억 형성이 완료될 시간이 턱없이 부족하다. 아무리 초인적인 집중력을 발휘해서 외워도 시험이 끝나면 공부하며 외운 내용이 금세 기억에서 사라져버리는 이유다. 재영이의 잘못된 학습 코드를 개선하기 위해 나는 간단한 루틴을 만들어 일상에서 실천하도록 했다.

- 매일 저녁 10분 동안 당일 배운 단어 다섯 개를 카드에 적기
- 아침 등교 전 5분 동안 어제 카드에 적은 단어를 복습하기
- 주말 30분 동안 모든 카드를 섞어 부모에게 설명하기

3주 후 다시 만난 재영이는 이렇게 말했다. "선생님, 이상해요. 이번엔 시험 전날에 별로 안 외웠는데도 시험 때 외운 게 다 기억나는 거예요!"

이것은 마법이 아니다. 재영이의 학습 코드가 벼락치기 패턴에서 체계적인 반복 학습 패턴으로 전환되면서 간격 반복과 출력 훈련이 결합되어 장기 기억으로의 전환이 성공적으로 이루어진 덕분에 일어난 당연한 과학적인 변화다. 이처럼 아이의 기존 학습 코드를 파악하고 뇌과학 원리에 맞게 재설계하면 같은 노력으로도 훨씬 큰 학습 효과를 얻을 수 있다.

부모가 함께하는
최고의 기억 훈련

지금까지 살펴보았듯 기억력은 타고나는 것이 아니다. 훈련으로 얼마든지 발달시킬 수 있는 '인지 근육'이다. 전문가가 아닌 부모가 아이의 학습 코드에 맞게 아이의 기억 회로를 활성화하고 강화하는 훈련법을 소개한다.

첫째, 기억을 떠올리는 루틴을 만들어 꾸준히 실천한다

부모가 "오늘은 학교에서 어떤 것이 재미있었어?" 혹은 "어떤 것이 제일 재미없었어?"라고 아이에게 질문한다. 이렇게 흥미에 주의를 기울이고 기억을 떠올리는 훈련은 아이에게 학습 과정의 기억을 떠올리게 하는 인출 자극을 준다. 일상적인 기억 인출 훈련이 반복되면 아이의 학습 코드 안에서 '기억을 꺼내는 회로'가 자연스럽게 강화된다. 훈련할 때는 꼭 학습과 관련된 주제만 다룰 필요는 없다. 급식 메뉴나 친구 사이에 있었던 소소한 대화, 선생님의 유머, 옷차림 등 아이와 저장된 정보를 꺼내는 활동을 할 주제는 무궁무진하다.

다만 아이가 공부나 성적에 예민하거나 지쳐 있거나, 아이와 관계가 편하지 않을 때는 학습 관련 질문이 오히려 관계를 어렵게 만들 수 있다. 현실에서는 드라마의 한 장면과 같은 아름다운 대화가 오가지 않을 수 있다. 아이에게 전달할 주요 메시지는 "엄마 아빠는 네게 관심이 있어. 네가 궁금해"다. 이 메시지가 아이에게 말로든 눈빛이나 감정으로든 전달되면 그걸로 충분하다. 관심받고 사랑받는다는 느낌은 아이의 뇌가 환경을 안전하고 편안한 상황으로 여기게 한다. 이렇게 되면 아이의 학습 코드가 활성화되기 위한 중요한 전제 조건이 갖추어진 것이다.

둘째, 수면의 질을 높이고 스트레스 조절력을 키운다

뇌에서 단기 기억이 장기 기억으로 잘 저장되는 3가지 종류의 정보가 있다. 첫째, 기존의 지식과 연결되는 정보다. 둘째, 감정이 실린 정보다. 셋째, 반복적으로 접한 정보다. 그리고 이 저장 과정은 주로 수면 중에 일어난다. 학습이 이루어진 다음의 질 높은 수면이 성과와 연결되는 이유가 바로 여기에 있다.

스트레스는 기억 회로에 직접적이고 즉각적인 영향을 미친다. 아이가 학습 상황에서 지속해서 압도감을 느끼거나 통제력을 상실했다고 느끼면 뇌에서는 스트레스 호르몬인 코르티솔이 과도하게 분비된다. 코르티솔은 학습과 기억의 핵심 영역인 해마와 전전두피질에 물리적 변화를 일으킨다. 만성적 스트레스 상태에서는 전전두엽의 뇌피질이 쪼그라들 정도로 기능이 저하된다는 연구 결과는 앞에서도 자세히 설명했다.

전두엽 전체는 뇌의 CEO 역할을 하며, 그중에서도 전전두엽은 가장 핵심적인 최고경영진의 역할을 담당한다. 작업 기억, 집중력,

실행 기능을 관장하는 이 영역이 스트레스로 제 기능을 하지 못하면, 학습 코드가 제대로 작동하지 않아 아이가 아무리 많은 시간과 노력을 투입해도 그에 비례하는 성과를 얻기 어렵다. 열심히 하는데 성적이 안 나오면 악순환 구조에 빠지기 쉽다. 성과가 나오지 않으니 아이는 더 좌절하고, 더 스트레스를 받고, 뇌 기능은 더 저하된다. 이때 해결책은 아이가 '내가 이 상황을 충분히 해낼 수 있다'는 통제감을 회복하는 데 있다.

정서를 담당하는 뇌 영역인 변연계가 안정되어야 학습과 관련된 인지적 부분이 제대로 활성화된다. 뇌의 구조적 특성상 변연계에서 스트레스 신호가 계속 발생하면, 뇌는 생존 모드로 전환되어 고차원적 사고를 담당하는 영역의 기능을 제한한다. 따라서 스트레스 조절은 학습 코드가 원활하게 작동하기 위한 기억 회로 강화의 필수 조건이다. 아이의 학습 스케줄을 통제 가능한 범위로 조정하고, 충분한 수면과 적절한 운동으로 코르티솔 수치를 정상화해야 한다. 이와 함께 명상, 취미 활동, 보상 체계, 그리고 무엇보다 부모와의 안정적인 관계를 통한 정서적 지지가 놀랍도록 도움이 된다.

아이가 수면이 부족하거나 스트레스가 높은 상태에서 억지로 공부하는 것은 모래 위에 집을 짓는 셈이다. 반대로 충분한 수면과 안정된 정서 상태에서 공부하면 해마에서 대뇌피질로의 기억 공고화 과정이 진행되어 오랫동안 선명하게 기억된다. 이것이 진정으로 학습 코드에 맞는 '뇌가 원하는 방식으로 하는 공부'라고 할 수 있다.

4

공부는 뇌의 브레이크가 좌우한다

: 자기 조절의 뇌

핵심

- 자기 조절력 부족은 의지 문제가 아닌 전두엽의 미성숙이 원인이다.
- 전두엽은 '뇌의 CEO'로 목표 설정과 충동 억제를 담당한다.
- 수면 부족, 스트레스 과다, 비난은 자기 조절력을 무너뜨린다.
- 아이의 자기 이해와 특성 인식이 자기 조절력 향상의 핵심이다.
- 전두엽 훈련은 아이가 안전하다고 느끼는 환경에서 이루어질 때 효과적이다.

많은 부모가 하는 다음의 말들에는 애틋한 기대와 좌절이 동시에 담겨 있다.

- "우리 아이는 계획만 세우고 실천을 잘 못해요."
- "계획표는 잘 짜는데 막상 지키지를 않아요."
- "말로는 공부하겠다고는 하지만 결국 안 해요."

공부와 관련한 문제의 원인을 아이의 '의지 부족'이라고 보면 결코 해답에 도달할 수 없다. 자기 조절력에 초점을 맞추어야 한다. 자기 조절력이 뛰어나면 공부는 물론 어떤 경우에도, 어떤 분야에서도 능력을 잘 발휘할 가능성이 크다.

한마디로 자기 조절력은 아이가 살아가면서 마주할 모든 도전과 기회에서 자신의 잠재력을 발휘할 수 있게 하는 핵심 역량이다. 자기 조절력이 좋으면 원하는 목표를 위해 더 야무지고 성실하게, 더 빠르고 똑똑하게 나아갈 수 있다.

전두엽에서 비롯되는
자기 조절력의 모든 것

자기 조절력은 전두엽과 관련이 있다. 뇌의 가장 앞쪽에 있는 전두엽은 인간의 실행 기능을 담당하기에 '뇌의 CEO'라고 불린다. 목표 설정, 충동 억제, 계획 수립, 실행 통제 등 모든 자기 조절력이 이곳에서 시작된다. 의지력도 전두엽의 억제 통제 기능이다.

전두엽은 뇌의 다른 영역보다 훨씬 늦게 발달한다. 생존에 필수적인 시각을 담당하는 후두엽, 감각을 처리하는 두정엽, 언어와 청각을 담당하는 측두엽이 먼저 발달하고 나서 그다음으로 전두엽이 발달한다. 대부분의 청소년은 아직 전두엽이 완전히 성숙하지 않은 상태다. 따라서 아이의 학습 코드에서 자기 조절 부분이 미숙하다면 나무라지 말고, 훈련이 필요하다고 여겨야 한다.

전두엽은 외부 환경에 매우 민감하다. 수면 부족, 과도한 학습 스케줄, 불안, 긴장 등이 전두엽 기능을 저하시켜 아이의 학습 코드 중 자기 조절 시스템이 원활하게 작동하지 않게 한다. 특히 충분한 수면은 전두엽을 제대로 작동하게 하는 필수 조건이다. 하루 6시간 이하로 자는 초등학생은 전두엽 기능이 눈에 띄게 떨어져 감정과 충동의 조절이 잘 안 된다. 아무리 좋은 방법으로 자기 조절을 훈련해도 충분히 자지 못하면 효과를 기대하기 어렵다.

부모의 조급함도 자기 조절력을 저하시키는 대표 요인이다. 아이가 실수나 잘못을 할 때마다 야단치거나, 계획이 흐트러졌다고 바로 지적하면 아이의 전두엽 회로는 위축된다. 상담에서 "아이가 자기 조절력이 부족해서 계속 지적하게 돼요"라고 하는 부모가 많은데 역설적이게도 그런 지적이 아이의 자기 조절력을 더욱 저하시키고 만다.

전두엽은 안전함 속에서 가장 잘 발달한다. 그렇다면 부모가 아이의 행동을 지적해야 할 때 어떻게 해야 현명한 걸까?

아이의 행동을 현명하게 지적하는 부모의 말

- **아이가 계획을 지키지 못했을 때**

  "또 계획대로 안 했네." (×)
  "어떤 부분이 어려웠을까?" (○)

- **아이가 자꾸 미룰 때**

  "맨날 미루기만 하네." (×)
  "뭔가 방해되는 게 있었니?" (○)

- **아이의 집중력에 문제가 생겼을 때**

  "집중 좀 해." "왜 맨날 딴짓하니?" (×)
  "잠깐 쉬었다가 다시 시작해볼까?" "지금 뭐가 신경 쓰이는 거야?" (○)

- **아이가 감정 조절을 어려워할 때**

  "또 짜증 내고 있네." "의지가 없어서 그래." (×)
  "힘든 일이 있었구나." "다음엔 어떻게 해보면 좋을까?" (○)

무엇보다 자기 조절력을 향상시키는 요인은 아이의 자기 이해다. 그러므로 부모는 아이가 학습 코드를 파악하는 것을 돕도록 한다. 아이에게 '나는 어떤 상황에서 공부 진도가 안 나갈까?', '나는 왜 먼저 할 일을 자꾸 미룰까?' 등의 질문을 주고 고민해보게 하면 스스로 자신을 관찰하고 더 많은 단서를 찾게 된다. 얼마 뒤면 아이는 '나는 공부할 때 음악이 들리면 쉽게 산만해져서 진도가 안 나가는구나', '피곤하면 집중력이 금방 무너지네', '재미있는 것부터 하고 싶은 마음이 커서 해야 할 일을 미루게 되는 거였어' 하는 식으로 답을 찾기 마련이다. 이렇게 자신만의 학습 코드 특성을 인식하면 자연스럽게 방법이 보이고 자기 조절력은 빠르게 성장한다.

이 과정에서 부모는 기다리는 사람이 되어야 한다. 부모의 기다림은 아이의 뇌 회로를 연다. 반대로 부모가 아이를 재촉하거나 대신해서 분석해주면 아이의 전두엽은 성장할 기회를 잃는다.

잘 발달한 '뇌의 브레이크'는 평생 든든한 버팀목

인간의 자기 조절력은 크게 '행동 활성화 체계'와 '행동 억제 체계'로 구성된다. 자동차로 비유하면 행동 활성화 체계는 엑셀, 행동 억제 체계는 브레이크다. 사람들은 둘 중 하나가 더 발달해 있다. 즉, 엑셀이 더 잘 발달했거나 브레이크가 더 잘 발달해 있다.

일반적으로 사람들은 하고 싶은 것을 할 때는 조절이 어렵다고 느끼지 않는다. 중독과 같은 병리적인 경우를 제외하면 말이다. 좋아하는 영화를 보거나, 만나고 싶은 친구를 만나거나, 재미있게 놀 때는 실행이 어렵지 않다. 이에 비해서 하지 말아야 할 것을 하지 않는 것, 하고 싶지 않아서 당장 그만두고 싶은 마음을 참고 견디는 것은 어렵다. 예를 들어, 공부를 그만하고 싶은 마음을 억제하면서 공부를 계속하는 것은 어렵다. 그리고 누구에게나 문제를 풀 때 빨리 답을 고르고 끝내버리고 싶은 욕구와 충동이 있다. 그런 욕구를 누르고 하나하나 꼼꼼히 읽고 문제를 풀고 검토까지 해서 답을 내는 것은 어렵다. 이러한 일련의 과정에 필요한 능력이 바로 행동 억제 능력이다. 충동을 누르고 해야 할 일을 해내도록 하는 것이 행동 억제 체계의 역할이다.

부모는 아이의 학습 코드 중에서도 특히 자기 조절 부분을 단련시키는 최고의 코치가 될 수 있다. 코칭 과정에서 중요한 것은 완벽한 조절이 아니라 꾸준한 연습이다. 이렇게 단련된 뇌의 브레이크는 아이가 평생 자신의 삶을 주도적으로 살아가게 하는 든든한 버팀목이 된다. 그리고 무엇보다 이 과정에서 부모와 아이가 함께 웃고 즐기며 성장할 수 있다면 그것이야말로 최고의 선물이 아닐까.

자기 조절력 훈련, 이왕이면 부모와 놀이처럼

아이는 성인보다 전두엽과 행동 억제 체계가 아직 덜 발달되어 자기 조절력이 부족하다. 하지만 뇌에는 가소성과 유연성이란 특성이 있다. 후천적 훈련과 노력을 통해 필요한 역량을 충분히 발달시킬 수 있다는 소리다. 자기 조절력은 학습 코드의 핵심 구성 요소 중 하나로 원래 타고나는 능력이 아니다. 뇌과학적으로 자기 조절력은 억제 회로를 반복해서 훈련하면 강화된다. 충동을 조절하는 뇌의 브레이크를 단련시키는 것이다. 더구나 초중고 시기의 아이는 성인보다 뇌 발달의 가능성이 훨씬 크다.

행동 억제 체계가 극단적으로 잘 발달하지 않으면 텔레비전 프로그램 〈요즘 육아 금쪽같은 내 새끼〉에 출연해 상담받는 아이들 같은 모습을 보인다. 취약한 환경이나 문제 있는 양육법 탓에 스스로 행동을 억제하고 조절하는 것이 충분히 훈련되지 못해 어려움을 겪는다. 문제는 참아야 할 것이 많아지는 초등학교 3학년 무렵부터 슬슬 시작된다. 이 시기에는 학습량도 늘고 학습 난도도 높아지며 선생님의 설명도 분량이 길어진다. 아이의 학습 코드에서 자기 조절 시스템이 발달 수준에 맞게 적절하게 훈련되어 있지 않으면, 이런 상황에서 정서적으로 불안정해지고 예민해질 수 있다. 심지어 성숙한 방식으로 처리하지 못하고 공격성을 보이기도 한다. 따라서 자기 조절력을 키우는 것은 매우 중요하다. 그렇다면 과연 어떻게 하면 자기 조절력을 키울 수 있을까?

자기 조절력을 키우는 행동 억제 체계 훈련은 아이의 학습 코드 특성에 맞게 놀이처럼 일상에서 자연스럽게 할 수 있다. 간단하게 할 수 있는 훈련 2가지를 소개한다.

놀이처럼 하는 행동 억제 체계 훈련

- '무궁화꽃이 피었습니다' 놀이: 아이들은 가만히 있기보다 이리저리 움직이는 것이 자연스럽다. 이런 움직임을 억제하는 훈련을 할 수 있는 좋은 놀이가 바로 무궁화꽃이 피었습니다이다. 뛰어가다가 갑자기 멈추는 동작은 순발력과 조절력, 운동 능력, 뇌 발달에 도움이 된다. 그리고 술래가 뒤돌아보기 전까지 움직이고 싶은 충동과 흥분을 참고 멈추는 동작은 아이의 행동 억제 체계 훈련에 안성맞춤이다.
- '얼음땡' 놀이: 이 놀이에서 아이는 술래를 피해서 달아나다가 잡힐 것 같을 때 "얼음!" 하고 외치며 멈추어 선다. 다른 아이가 와서 "땡!" 해주기 전까지 계속 얼음 상태로 있어야 한다. 이 과정에서도 아이들은 움직이고 싶은 충동을 조절하고, 술래가 가까이 왔을 때 멀어지려는 본능을 억제하며, 순발력을 기르는 연습을 하게 된다.

이 밖에도 활용할 수 있는 다양한 놀이가 떠오를 것이다. 책 곳곳에서도 놀이를 활용한 훈련법을 소개하고 있으니, 예시를 참고해

응용하거나 활용하기 바란다.

한 가지 알아둘 점이 있다. 즐겁게 배우면 뇌는 훨씬 더 잘 발달한다. 그러니 자기 조절력 훈련을 어려운 것으로 할 필요가 없다.

자기 조절력은 학습 코드의 중요한 구성 요소로서 다양한 상황에 적용되는 실행 기능이다. 그러므로 놀이를 통해 훈련한 억제 조절 능력도 학습 상황에서 분명 도움이 된다. 또한 즐거운 경험을 통해 학습한 기능은 더 오래 지속되고 자발적으로 사용하게 된다.

가족과 놀면서
자기 조절력을 높이는 4가지 활동

상담 현장에서 실제로 활용되는 활동을 소개한다. 학습 코드에서 자기 조절력을 강화하는 동시에 아이에게 스트레스를 주지 않으면서 전두엽을 훈련하는 활동이다. 부모와 아이 모두 웃고 장난스럽게 반응하며 유쾌하게 진행하도록 한다. 부모가 아이를 훈련시키겠다는 마음으로 접근하면 아이도 이를 감지하기 마련이므로 함께 놀겠다는 마음으로 접근하는 것이 좋다.

또한 놀이를 하며 부모가 실수했을 때 어떻게 반응하면 좋을지 알려주도록 한다. 웃으면서 "아, 실수했네!" 하고 받아들이는 모습을 자연스럽게 보여주면 된다. 이처럼 실패했을 때 웃으면서 다시 도전하는 부모의 모습을 통해 아이의 학습 코드에는 '실패해도 괜찮다'라는 긍정적인 패턴이 새겨진다. 그러면 아이는 다른 실패와 좌절의 순간에 이 패턴을 활용할 수 있다.

명칭	활동 내용	목적 및 기대 효과
읽지 않기 게임	책이나 어떤 흥미로운 지문에서 특정 단어를 지정하여 그 단어가 나올 때마다 건너뛰고 나머지 부분을 읽는다. 실패하면 웃음이 터지는 활동인 만큼 부모와 아이가 함께 유쾌하게 참여할 수 있다.	선택적 주의력 훈련, 집중력 향상, 부모와의 상호 작용 및 긍정적 피드백 경험
DJ 퀴즈 놀이	라디오 DJ가 청취자에게 퀴즈를 내듯, 답인 단어를 "이것"이라고 하면서 힌트를 준다. 예를 들어 '장마'가 답이면, 한 사람이 "이것은 여름에 많이 오는 비를 말합니다. 이 기간에는 계곡, 하천 주변에서 조심해야 합니다"라고 말하고 다른 사람은 이것이 무엇인지 맞힌다.	억제 능력 훈련, 자기 조절력 향상, 충동 억제 기능 강화
주어와 목적어 바꾸어 말하기 게임	평상시 말하는 문장에서 주어와 목적어의 위치를 바꾸어 말한다. 예를 들어 "엄마가 사과를 먹어요"를 "사과가 엄마를 먹어요"로 바꾸어 말한다. 자연스럽게 말하고 싶은 충동을 억제하고 의도적으로 문장 구조를 조작한다.	언어적 억제 훈련, 인지적 유연성 증진, 문법 구조 이해 향상, 창의적 사고력 발달, 즉흥적 반응 억제 능력 강화
색깔-단어 스트룹 게임	빨간색으로 쓰인 '파랑'이라는 글자를 보고 글자가 아닌 색깔만 말한다. 글자를 읽고 싶은 자동적 충동을 억제하고 색깔에만 집중한다.	강력한 억제 훈련, 자동적 반응 억제, 선택적 주의력 극대화, 인지적 간섭 극복 능력, 전두엽 실행 기능 강화

5

정서가 안정되어야 전두엽이 활성화된다

: 감정의 뇌

핵심

- 감정은 인지 기능에 중요한 영향을 미친다.
- 감정 이름 붙이기는 전두엽 회로를 자극하는 강력한 훈련이다.
- 부모의 질문은 아이의 감정 조절력을 키우는 시작점이다.
- 감정적 안전지대가 감정 회복 탄력성을 키운다.
- 아이의 감정을 존중하고 들어주는 부모의 태도가 아이의 뇌를 성장시킨다.

사춘기 자녀를 둔 부모의 단골 멘트가 있다.

"우리 아이는 머리는 좋은데 감정 기복이 심해서 공부가 잘 안 돼요."

그런데 이 말은 단순한 푸념이 아니다. 뇌과학적으로도 매우 정확한 이야기다.

뇌는 감정의 영향을 강하게 받는다. 감정은 전두엽의 스위치를 켜기도 하고 끄기도 한다. 전두엽은 계획, 실행, 조절을 담당하는 고등 기능의 중심이지만, 기능의 효율성은 감정 상태에 크게 영향 받는다. 감정이 안정되어 있을 때는 뇌가 학습에 필요한 에너지를 집중한다. 반대로 감정이 부정적으로 되면 전두엽은 기능을 축소하거나 일시적으로 억제한다. 다시 말해, 감정이 안정적일 때 학습 코드는 더 효율적으로 작동하고, 부정적 감정이 강할 때는 뇌의 인지적 자원이 감정 처리에 더 많이 사용되어 학습 효율이 떨어진다.

감정은 뇌에
우선순위 넘버원

감정은 생존에 직결되는 정보다. 그래서 뇌는 감정 자극에 먼저 반응한다. 학습 회로보다 감정 회로가 먼저 작동하는 이유다. 감정이 강하게 일어날 때 뇌는 생존을 우선시하기에 학습은 그다음으로 밀려난다.

아이가 공부하는 도중에 "짜증 나!", "공부하기 싫어!"라고 말하는 것은 게으름을 피우는 것이 아니다. 사실은 뇌가 스트레스나 부담감을 감지해서 보이는 반응이다. 감정은 문제가 아니라 신호다. "짜증 나!", "공부하기 싫어!"라고 할 때 그 속에는 '지금 힘들다, 불안하다, 도와달라'는 메시지가 숨어 있다.

아이의 말에서 부모는 진심을 읽어내야 한다. "학교 가기 싫어!"라고 하는 아이는 학교에 가야 한다는 것을 알고 있다. 공부가 힘들지만 해야 한다는 것도 알고 있다. 그리고 아이는 실제로 해보려고 노력했지만 잘 안 되고, 뭔가 불편하고 어려워서 '싫다'는 감정을 표현하는 것이다. 즉, "싫다"라는 말은 게으름이나 반항이 아니라 '노력했지만 어려움을 겪고 있다'는 신호다. 그러나 내가 상담실에서 만나는 많은 부모가 아이의 이런 표현을 오해해 "공부 안 하겠다는 거 아닌가요?", "의지가 부족한 건 아닌가요?" 하고 걱정한다. 하지만 대부분은 아이가 도움을 요청하는 표현이다.

뇌과학은 말한다. 감정을 억누를수록 뇌의 편도체가 더 예민해지고, 조절 기능을 담당하는 전전두엽이 위축된다고 말이다. 감정은 다루어야 할 것이지, 없애야 할 것이 아니다. 아이가 부정적인 감정을 드러낼 때 부모는 "왜?"라고 묻기보다는 "지금 어떤 마음이야?"라고 궁금해해야 한다. "왜?"는 아이를 변명하게 만들고, "어떤 마음이야?"는 아이를 자기 감정의 관찰자로 만든다. 감정을 언어화하는 순간 전전두엽이 활성화되어 감정 조절이 시작된다.

좀 더 구체적으로 반응해도 좋다. "공부하기 싫은 마음이 들었구나. 어떤 기분이야?", "학교에 가기 싫은 마음이 들었구나. 무엇 때문에 싫은 거야?" 등과 같은 질문은 아이가 자기 감정을 정확히 알아차리고 언어화하게 돕는 핵심 도구가 된다. 아이가 공부하기 싫다거나 학교 가기 싫다는 것을 허락해야 한다는 것은 아니다.

이럴 때 감정에 정확한 이름을 붙이는 '감정 이름 붙이기'가 감정 조절에 도움을 준다. 구체적으로 이름을 붙이면 뇌는 감정을 다룰 수 있는 대상으로 인식한다. "지금 속상해요", "조금 불안해요", "정말 화나요"처럼 짧은 표현으로 감정을 외부화하고 정리하면 편도체의 활동은 줄어들고 전전두엽이 작동을 재개한다.

상담실에서 만난 중학교 2학년 현수는 처음에 "그냥 다 짜증 나요"라고만 말했다. 하지만 몇 주간 감정 이름 붙이기를 연습하자 변화된 모습을 보였다. "수학 수업 시간에는 '당황스러워요'", "친구들 사이에서는 '소외감을 느끼고요'", "집에서는 '억울한 감정이 들어요'"라고 표현하게 되었다. 이에 현수 어머니는 놀라워했다. "아이가 이렇게 자세히 자기 마음을 설명할 줄 몰랐어요. 그냥 짜증만 내는 줄 알았는데." 그런데 더 놀라운 변화는 현수의 학습 태도였다. 감정을 구체적으로 표현할 수 있게 되니 감정의 기복이 한결 줄었고, 현수의 학습 코드가 안정적으로 작동하기 시작하면서 공부할 때도 집중력이 훨씬 좋아졌다.

감정 이름 붙이기는 단지 기술이 아니다. 아이의 학습 코드에서 감정 조절 회로를 강화하는 정교한 뇌 훈련이다.

감정의 안전지대를 만들어야 하는 이유

기억에도 감정이 개입된다. 우리는 어떤 사건을 기억할 때 그 순간의 감정도 함께 저장한다. 극단적인 경우를 제외하면, 즐겁게 배운 내용은 오래 기억되고, 불안하거나 두려운 상황에서 배운 내용은 쉽게 잊힌다.

그러므로 아이의 학습 코드를 설계하는 데 첫 번째로 고려할 사항은 '감정의 안전지대'다. 아이가 '이건 내가 해도 괜찮은 일이야', '틀려도 괜찮아', '실수해도 여전히 나는 사랑받을 수 있어'라고 느낄 수 있어야 한다. 이 심리적 안전감이 전두엽 회로를 열고, 뇌를 학습 가능한 상태로 만든다.

두 번째로 고려할 사항은 '자존감'이다. 자존감은 학습 동기를 발전시키는 동력이다. 자존감이 낮은 아이는 공부를 해보려는 시도조차 하기 어려워한다. 실패에 대한 두려움, 타인의 시선에 대한 불안, 실망에 대한 공포가 공부에 도전하려는 마음을 가로막는다.

반면 자존감이 높은 아이는 실패에 대한 두려움을 이유로 시도를 포기하지 않는다. 실패하더라도 '실패할 수도 있어. 다시 하면 되지'라는 마음으로 다시 도전한다. 자존감이 학습 코드에 회복 탄력성을 만들어주는 것이다. 이러한 측면에서 자존감은 공부의 근육이라고 할 수 있다.

여기서 아이의 자존감은 단지 칭찬으로 형성되지 않는다는 점을 반드시 알아야 한다. 좌절했을 때 부모가 보여준 반응, 결과와 상관없이 노력과 과정에 대해 인정받은 경험이 자존감의 토대가 된다. "괜찮다. 네가 얼마나 노력했는지 나는 안다"라는 부모의 말은 아이에게 안정감을 준다. 감정적으로 안정된 아이는 다시 도전할 힘을 낼 수 있다.

상담에서 만난 아이들 중에는 "엄마가 결과만 보는 것 같아요"라고 이야기하는 경우가 많다. 하지만 이런 아이들의 엄마는 대개 "저는 과정을 봐주려고 노력하는데요"라고 말한다. 이처럼 부모의 의도와 아이의 수용 사이에는 종종 간극이 있다. 그러므로 부모는 아이가 실제로 부모의 반응을 어떻게 받아들이고 있는지를 확인해보아야 한다.

감정 다루기, 아이는 어른을 따라 배운다

아이는 부모가 감정을 다루는 방식을 관찰하면서 학습한다. 부모가 감정을 억누르거나 폭발시키는 방식으로 대응하면 아이도 이를 학습해 똑같이 반응하기 마련이다. 그리고 부모가 감정을 인정하고 다루는 태도를 보여주면 아이도 감정 앞에서 도망치지 않고 머무르는 태도를 취한다.

부모는 아이에게 공감하는 말을 건네고, 아이가 감정을 표현하는 말을 할 수 있도록 기회를 마련해야 한다. 다음과 같은 말은 아이가 감정을 안전하게 표현하는 환경을 만들어준다.

- "지금 많이 힘들어 보이는데, 어떤 부분이 가장 어려운 거야?"
- "공부하기 싫다고 했는데, 구체적으로 뭐가 제일 부담스러워?"

그런데 여기서 부모가 자주 하는 실수가 있다. 아이의 감정에 대해 듣자마자 "그럼 이렇게 해봐", "엄마가 도와줄게"라며 곧바로 해결책을 제시하는 것이다. 물론 도움을 주려는 마음은 좋다. 하지만 아이에게 가장 필요한 것은 해결책이 아니라 공감이다. 자신의 감정이 이해받고 있다는 느낌, 혼자가 아니라는 안정감이 먼저 필요하다.

따라서 아이가 감정을 표현했을 때 부모는 일단 그 감정을 충분히 들어주도록 한다. "정말 힘들었겠다", "그런 마음이 들 만하네"와 같은 반응을 먼저 보여준 후에 아이와 함께 방법을 찾아본다. 이렇듯 공감받은 뇌는 불안, 두려움, 짜증의 부정적인 감정이 수그러들면서 합리적이고 이성적으로 작동한다.

지금까지 뇌와 감정의 관계, 부모가 이를 고려해 어떤 태도를 취하고 어떤 방식으로 말해야 하는지를 살펴보았다. 그런데 아무리 이런 지식을 바탕으로 부모가 도와도 아이가 늘 감정 조절에 성공하는 것은 아니다. 아이는 여전히 폭발하고 감정을 조절하지 못할 수 있다. 이때 부모가 할 수 있는 가장 강력한 개입은 '그럴 수 있다'라는 수용의 태도라는 점을 반드시 기억하자. 아이에게 바로 효과가 나타나지 않는 것처럼 보여도 가장 중요한 씨앗이 차곡차곡 아이의 뇌에 심어지는 중이다.

- "참고 조절하려고 노력한 게 보여. 잘 안 되는데도 해보려고 애썼구나."

비난이 아닌 수용을 표현하는 부모의 말 한마디가 아이에게는

'나는 실패해도 사랑받는다', '부정적인 감정을 느끼는 것은 잘못이 아니다'라는 메시지로 와닿는다. 그리고 이 메시지가 아이의 학습 코드에 안전한 감정 표현 회로를 만든다.

감정 조절은 하루아침에 되지 않는다. 아이는 꾸준히 연습해야 하고 부모는 인내심을 발휘해야 한다. 이 과정에서 아이는 단순히 감정을 조절하는 기술을 배우는 것을 넘어, 자기 내면을 이해하고 다루는 능력을 기른다. 이것이야말로 아이의 학습 코드가 평생에 걸쳐 안정적으로 작동되게 하는 소중한 토대다.

감정 조절에 도움을 주는 5가지 활동

부모와 아이가 함께 다음 활동을 하면서 놀이처럼 감정을 다루는 훈련을 해본다.

명칭	활동 내용	목적 및 기대 효과
감정 친구들 소개하기	하루 동안 느낀 다양한 감정을 마치 친구를 소개하듯 이야기하게 한다. 부모가 아이에게 "오늘 만난 감정 친구들을 소개해볼까?"라고 질문해 이야기를 유도한다.	감정에 대한 거리 두기 연습, 다양한 감정의 존재 인지, 감정 표현의 자연스러움 증진

감정 온도계 만들기	아이가 감정의 강도를 숫자로 표현하게 한다. 부모가 아이에게 "지금 화난 정도가 몇 도쯤 돼?"라는 식으로 질문해 활동을 진행한다.	감정의 강도 인지, 감정에 대한 전두엽 개입 유도, 감정 조절의 시작점 마련
감정 카드 놀이	다양한 표정이나 감정 단어가 있는 카드를 활용하여 아이가 자신의 감정을 선택하게 한 뒤 이야기를 나눈다.	감정 식별 능력 향상, 자기 감정 인지 및 표현 연습, 감정 관련 어휘력 증진
마음 날씨 보고서 쓰기	아이가 자기 감정을 날씨(맑음, 흐림, 비 등)에 비유하여 표현하게 한다. 부모가 "오늘 네 마음의 날씨는 어때?"라고 아이에게 질문해 표현을 끌어낸다.	자기 내면 상태를 쉽게 들여다보기, 감정 표현의 용이성 증진, 감정에 대한 객관적 인식 도움
색깔 감정 일기 쓰기	하루를 마무리하며 그날 느낀 감정을 색깔로 표현하고, 왜 그 색깔인지 부모가 아이가 함께 이야기한다. 가령 "오늘은 초록색 기분이었어. 마음이 편안했거든"이라고 설명한다.	감정의 시각화, 자기 감정 상태 성찰, 감정과 그 이유를 연결하는 사고력 발달

6

집중력,
끌리는 뇌가 만드는 마법

: 집중의 뇌

핵심

- 집중력은 한정된 주의력 자원을 효율적으로 쓰는 뇌의 전략이다.
- 작업 기억과 도파민 시스템이 집중에 깊이 관여한다.
- 집중력은 리듬과 환경에 따라 달라지며 훈련이 가능하다.
- 디지털 자극에 익숙한 뇌는 즉각적인 보상을 원하므로 학습 환경 설계가 필요하다.
- 부모는 아이의 집중력을 높이는 '환경 디자이너'가 되어야 한다.

아이가 집중을 잘 못해서 고민이라는 부모가 많다. 그럴 때 나는 되묻는다. "모든 상황에서 집중을 못하나요?"

놀랍게도 아이들은 대체로 게임을 하거나 좋아하는 활동을 할 때면 깊이 몰입한다. 눈조차 깜빡이지 않고 화면을 바라보고 한참 움직이지 않은 채 집중한다. 다시 말해, 아이는 집중력이 떨어져서가 아니라 집중할 동기가 없어서 집중을 못하는 것이다.

집중은 뇌가 선택한 대상을 향해 에너지를 쏟는 행위다. 뇌는 생존에 도움이 되는 정보, 보상이 예측되는 자극, 감정적으로 끌리는 대상에 집중한다. 집중력은 뇌 시스템 중에서도 주의 네트워크와 깊이 관련된다. 특히 전두엽, 전측 대상회, 그리고 도파민 회로가 유기적으로 작동할 때 집중력이 발휘된다. 그런데 이 시스템은 뇌가 '이건 중요하다', '이건 보람 있는 일이다'라고 판단하면 비로소 활발히 작동한다. 이렇듯 학습 코드의 핵심 요소인 집중은 의지의 문제가 아니다. 동기의 문제이자, 감정의 문제며, 환경의 문제다. 수학이 게임만큼 뇌의 흥미를 끌지 못하면 뇌는 게임으로 방향을 튼다. 이는 그저 뇌의 자연스러운 선택일 뿐이다.

부모가 주목해야 할
집중력의 3가지 특징

뇌와 긴밀한 관계에 있는 집중력에는 어떤 특징이 있을까? 대표적인 특징 3가지를 통해 집중력에 대해 좀 더 깊이 알아보자.

첫째, 집중력은 발달시킬 수 있는 능력이다

집중력은 적절한 환경과 훈련으로 얼마든지 성장시킬 수 있는 능력이다. 아이의 현재 상태를 있는 그대로 받아들이고 거기서부터 차근차근 시작하면 된다.

많은 부모가 "우리 아이는 원래 집중력이 부족해요"라고 하지만 이는 잘못된 믿음이다. 집중력은 학습 코드의 훈련 가능한 구성 요소로 근육처럼 사용하고 훈련할수록 강해진다. 뇌의 주의 네트워크는 반복적인 훈련을 통해 더욱 효율적으로 작동한다. 이때 부모는 아이를 다른 아이와 비교하거나 무리하게 변화시키려고 하지 말고, 아이가 자신만의 집중 스타일을 찾도록 도와야 한다. 그리고 그 과정에서 아이가 좌절하지 않도록 따뜻하게 격려하고 지지해주어야 한다.

집중력은 그저 공부만을 위한 도구가 아니다. 아이가 자신이 원하는 것을 성취하고, 깊이 있는 경험을 하며, 의미 있는 관계를 맺는 데 필요한 핵심 능력이다. 그리고 집중력은 부모의 이해와 사랑 속에서 잘 자라난다.

둘째, 집중력은 뇌의 주의 시스템과 도파민 회로가 결합된 결과다

집중은 뇌가 선택한 대상을 향해 에너지를 쏟는 행위다. 이 과정에서 2가지 핵심 시스템이 작동한다. 뇌의 주의 시스템Attention Network과 도파민 회로다.

그중 주의 시스템은 뇌가 입력된 여러 정보 중 선택적 주의를 통해 중요한 자극에 집중하도록 돕는다. 이는 생존에 중요한 정보를 놓치지 않기 위해 중요도에 따라 우선순위를 정하는 뇌의 생존 전략이다. 전두엽과 전측 대상회가 이 과정을 주도한다.

그리고 도파민 회로는 집중의 동력을 제공한다. 뇌는 생존에 도움이 되는 정보, 보상이 예측되는 자극, 감정적으로 끌리는 대상에 집중하는데, 이때 도파민이 핵심 역할을 한다. 도파민은 '이건 중요하다', '이건 보람 있는 일이다'라는 신호를 보내 주의 시스템을 활성화한다.

주의는 한정된 자원이다. 아이가 산만하면 부모는 아이의 뇌가 지금 어디에 주의를 두고 있는지를 먼저 살펴보아야 한다. 뇌는 매 순간 더 끌리는 자극을 향해 방향을 튼다. 게임, 소음, 불안, 졸음 등도 모두 자극이 되고, 대부분이 공부보다 더 주의를 끌 수밖에 없다. 따라서 집중력을 높이기 위해서는 '주의를 어디에 둘지 선택하는 훈련'과 동시에 '도파민이 분비될 수 있는 동기 부여'가 필요하다. 이는 아이의 학습 코드를 설계할 때 반드시 고려해야 할 점이다. 또한 단지 의지가 있다고 해서 집중력이 높아지지는 않으므로 전략이 필요하다.

셋째, 아이마다 집중력에는 개인차가 있다

뇌에는 집중과 휴식의 주기가 있어서 계속 집중할 수 없다. 특히 나이가 어릴수록 한 번에 집중할 수 있는 시간이 짧다. 일반적으로 나이에 2~3분을 곱한 시간이 집중 가능한 시간이라고 알려져 있다.

그리고 아이마다 집중력에는 고유한 리듬이 있어 집중력에 차이가 난다. 어떤 아이는 오래 집중할 수 있지만 그만큼 오래 휴식해야 하고, 어떤 아이는 집중하는 시간은 짧아도 자주 집중할 수 있다. 집중을 잘하는 시간대도 각각 다르다. 어떤 아이는 아침형, 어떤 아이는 저녁형이다. 집중력을 높이려면 이와 같은 개인의 학습 코드 특성을 존중하는 것이 좋다.

집중할 때 뇌는 정보를 받아들여 작업 기억에 잠시 저장한 뒤, 의미를 분석하고 맥락을 연결하는 과정을 동시에 수행한다. 작업 기억은 뇌의 메모장과 같아서 지금 당장 필요한 정보를 짧게 붙여두고 필요한 순간까지 유지하게 해준다. 작업 기억의 용량도 개인차가 크다. 어떤 아이는 많은 정보를 머릿속에 담아둘 수 있으나, 어떤 아이는 조금만 정보가 들어와도 금방 넘쳐버린다.

그러므로 아이의 공부 시간표를 설계할 때는 학습 코드를 파악하도록 한다. 고유의 리듬을 존중하고, 가장 집중이 잘되는 시간대를 알아내 공부 시간표에 반영한다. 아이의 작업 기억 특성에 따라 정보 제시량과 속도를 조절하는 것도 중요한데 다행히 작업 기억 또한 훈련으로 향상시킬 수 있다.

자극이 쏟아지는 디지털 시대, 아이의 집중력을 지켜라

요즘 수많은 아이가 디지털 기기에 집중력을 빼앗기고 있다. 도대체 왜 아이들은 디지털 기기에 끌리는가? 이 문제를 뇌과학적으로 이해해보자.

휴대폰, 태블릿, 유튜브, 게임과 같은 자극은 뇌의 도파민 회로를 빠르고 강하게 자극한다. 빠른 화면 전환, 즉각적인 보상, 강한 시각적 효과는 뇌에 '강력한 끌림'으로 작용한다. 더구나 게임과 소셜미디어는 간헐적 강화 스케줄을 사용한다. 언제 보상이 올지 모르는 상황에서는 도파민이 더 강하게 분비된다. 이는 카지노의 슬롯머신과 같은 원리다. 인간의 뇌가 도저히 저항할 수 없는 막강한 자극이 아이 뇌의 집중력을 공략한다. 이러한 자극에 대한 끌림은 아이가 의지로 조절할 수 없기에 저항이 불가능하다. 더욱이 아이의 뇌가 조절과 통제를 관장하는 전두엽이 아직 완전히 발달하지 않은 상태임을 고려하면 아이를 탓하는 것은 의미가 없다. 이럴 때는 뇌와 자극의 특성을 알고 아이의 학습 코드에 맞는 해결책을 찾아나가야 한다.

금지가 아닌 조절의 철학이 필요하다

아이의 디지털 기기 사용 문제에 직면한 부모는 보통 '금지'와 '제한'이라는 접근부터 한다. "게임 시간을 줄여야 해", "휴대폰을 아예 못 쓰게 해야겠어", "유튜브를 차단해야겠어"와 같은 방식의 접근이다. 하지만 이러한 접근 방식은 실패가 거의 확실하다. 성인도 금연할 때 바로 완전히 금연하겠다고 목표를 세우면 실패할 확률이 매우 높은 것과 마찬가지다.

상담실에서 만나는 많은 부모가 이런 말을 한다. "한 번만 허용하면 끝없이 요구해요." "약속을 정해도 지키지 않아요." 이는 아이에게 디지털 기기의 사용을 갑자기 완전히 금지하는 목표를 설정했을 때 나타나는 결과다. 그러므로 아이의 학습 코드 특성을 고려하여 디지털 기기 사용을 조절하는 방식이 더 바람직하다.

그뿐 아니라 금지를 목표로 하면 아이의 단 한 번의 실수로도 모든 노력이 허사로 돌아갈 수 있다. 예를 들어, '게임을 아예 하지 않기'를 목표로 정했다고 하자. 일주일 동안 잘 지키다가 어느 날 친구들과 함께 30분 게임을 했다면? 그 순간 지금까지의 모든 노력이 실패로 규정된다. 그러면 아이는 '어차피 실패했으니까 이제 마음껏 해도 돼'라며 자포자기하게 된다. 이를 심리학에서는 '허용 효과 License Effect' 혹은 '도덕적 허가 Moral Licensing'라고 한다. 실패했으니 아이는 '에라이, 이젠 모르겠다' 하는 자포자기의 심정으로 더 게임을 하기 쉽다.

이에 비해 조절을 목표로 하면 잘 안 되더라도 다시 조절하면 된다. 같은 상황에서 '게임 시간을 하루 1시간으로 조절하기'가 목표였다면, 어느 날 게임을 2시간 했더라도 실패가 아니라 조절이 잘 안 되었을 뿐이다. 다음 날부터 다시 게임을 1시간 하는 것으로 돌아가면 된다. 이런 경우에 아이는 "이번에는 조절이 잘 안 됐네. 다음엔 어떻게 하면 더 잘 조절할 수 있을까?"라고 생각하게 되고 학습 코드에 실수도 과정의 일부로 받아들이는 패턴이 형성된다.

뇌과학이 추천하는 조절 중심 접근법

뇌과학적으로 보면 감정을 무작정 억누르려 할수록 오히려 더 큰 반발이 생기고, 자제력을 담당하는 뇌 기능은 제대로 작동하기 어려워진다. 디지털 기기에 대한 욕구와 충동도 마찬가지다. 그러므로 이를 무조건 억압하기보다는 적절히 인식하고 조절하는 것이 더 효과적이다. 또한 이보다 더 중요한 것은 의지력의 한계를 이해하는 것이다. 의지력은 근육처럼 사용하면 피로해져서 무한정 사용할 수 없는 유한한 자원이다. 디지털 기기의 사용을 완전히 금지하는 것을 목표로 하면 아이는 의지력을 계속 소모한다. 하지만 조절을 목표로 하면 아이의 학습 코드가 습관과 시스템의 도움을 받을 수 있다.

이 같은 조절 중심의 접근법을 사용할 때는 다음의 원칙을 고려하도록 한다.

조절 중심 접근법의 핵심 원칙

- **완벽을 추구하지 않는다.**

  처음부터 완벽한 디지털 사용 패턴을 기대하지 않는다. 실패와 재시작이 반복되는 것이 정상이며, 이 과정 자체가 학습이다.

- **작은 성공 경험을 쌓는다.**

  "오늘은 목표 시간을 10분 넘겼지만 어제보다는 20분 줄었네"라는 식으로 부모는 아이의 작은 개선도 인정하고 격려한다.

- **재시작하게 한다.**

  아이가 조절을 잘 못했어도 부모는 "그럴 수 있어. 내일부터 다시 해보자"라며 재시작을 돕는 말과 태도로 아이를 대한다.

- **점진적 변화를 추구한다.**

  하루아침에 모든 것을 바꾸려 하지 말자. 작은 변화부터 시작해서 성공 경험을 쌓으며 점차 범위를 넓혀간다.

실패하고 나서 재시작할 때 필요한 능력이 바로 회복력이다. 회복력을 강화하는 방법은 다음과 같다.

회복력을 강화하는 4단계 방법

- 1단계: '실패는 시도의 훈장과 경험치'라는 관점을 갖추기
- 2단계: 실패 후 자책하기보다는 '다음에는 무엇을 시도해야 다른 결과가 나올까?'라는 질문으로 관점을 전환하기
- 3단계: 목표를 더 작은 단위로 쪼개어 의도적으로 작은 성공 경험을 만든 뒤 자신감을 회복하기
- 4단계: '우리가 함께 해결해보자'라는 마음가짐으로 지지적인 환경을 조성하기

우리 집에서 실천하는 디지털 기기의 사용 조절법

조절의 철학을 바탕으로 가정에서 활용할 수 있는 디지털 기기 사용 조절법을 소개한다. 동기 면담 기법, 게임화 전략, 행동 변화 단계별 접근, 가족 시스템 접근, 인지 행동 치료적 접근, 환경 디자인 등으로, 아이의 학습 코드에 맞는 조절 목표 실행에 효과적이라고 알려져 있다.

여러 방법 중 어떤 것이 우리 아이에게 맞을지는 모른다. 만일 효과가 없다면 '이 방법은 우리 아이에게 맞지 않는구나'라고 인정하고 다른 방법을 시도해보면 된다. 이 과정에서 아이는 자신의 학

습 코드에 맞는 효과적인 방법을 찾아가는 능력, 실패를 학습 기회로 만드는 능력, 부모와 협력하여 문제를 해결하는 능력을 함께 기르게 된다. 디지털 기기의 사용을 조절하는 것은 완성된 답 찾기가 아니다. 함께 답을 만들어가는 여정이다. 이 점을 염두에 두고 시작할 때 부모와 아이는 진정한 변화의 첫걸음을 내디딜 수 있다.

동기 면담으로 일으키는 자기 주도적 변화

동기 면담은 변화하고자 하는 동기를 강화하고 자율성을 촉진하는 데 초점을 맞춘 협력적 대화법으로 상담학에서 사용된다. 이 대화법은 아이의 학습 코드에서 자기 주도성을 강화하여 아이 스스로 변화의 필요성을 느끼게 한다. 이에 따르면, 부모는 일방적으로 규칙을 정하지 말고 아이가 자신의 상황을 객관적으로 바라볼 수 있도록 질문해야 한다. "왜 휴대폰을 그만 사용해야 할까?"라는 질문 대신 "휴대폰 사용이 네게 어떤 영향을 주고 있다고 생각해?"라고 묻는 것이다.

효과적인 동기 면담 질문
- "게임을 하면 뭐가 제일 좋아?"
- "○○에게 게임처럼 재미있는 일은 또 뭐가 있어?"
- "게임처럼 재미있는 다른 일을 한 날에 기분은 어때?"
- "만약 휴대폰 사용 시간을 조절한다면 어떤 일이 생길까?"

- "지금 방식으로 계속하면 1년 후 네 모습은 어떨 것 같아?"
- "만약 휴대폰이 없었다면 그 시간에 뭘 하고 싶었을까?"

게임 원리를 공부와 일상에서 활용하기

게임은 중독적이다. 목표가 명확하고, 즉각적인 피드백을 받을 수 있으며, 점진적으로 난도가 상승함에 따라 큰 성취감을 얻는다는 점 때문이다. 이 같은 게임의 원리를 역으로 아이의 학습 코드에 적용하여 학습과 생활 관리에 적용하면 긍정적인 효과를 볼 수 있다. 이때 아이가 직접 목표를 설정하고 보상을 선택하게 하는 것이 중요하다.

디지털 도구를 활용한 학습의 게임화
- 공부 시간을 측정하는 앱으로 레벨업 시스템 만들기
- 집중력 향상을 위한 명상 앱을 가족이 모두 사용하여 함께 목표 달성하기
- 학습 목표 달성을 시각적으로 표시하는 디지털 플래너 활용
- 가정에서 건강한 디지털 기기 사용 챌린지를 진행

가정의 디지털 기기 사용 현황 점검하기

아이가 디지털 사용에 문제를 겪고 있다면 가정의 문제에서 비롯된 것일 수 있다. 아이 외에 다른 식구들, 특히 부모의 디지털 기

기 사용 습관을 점검한 뒤 문제가 있다면 즉시 해결하도록 하자. 부모가 변화하는 모습을 보일 때 아이의 변화도 시작된다.

가정에서 실천하는 디지털 디톡스
- 가족회의에서 디지털 디톡스와 관련한 규칙을 정한다.
- 부모가 먼저 디지털 디톡스를 모범적으로 실천한다.
- 가족 구성원별 하루 스크린 타임(휴대폰 사용 시간을 알려주는 앱)을 공개한다.

디지털 기기 사용 문제에 인지 행동 치료적으로 접근

디지털 기기 사용 문제를 해결하려면 생각-감정-행동의 연결 고리를 이해해야 한다. 특히 아이가 디지털 기기를 많이 사용할 때의 생각과 감정을 탐색한다. 일반적으로 청소년은 불안, 지루함, 외로움, 좌절감 등의 감정을 회피하고 싶을 때 디지털 기기를 더 많이 사용하는 것으로 알려져 있다.

생각-감정-행동 연결 고리를 탐색하는 질문
- "휴대폰을 보고 싶을 때 그 바로 전에 무슨 생각을 했어?"
- "휴대폰 하기 전에 기분이 어땠어?"
- "그 감정을 다른 방법으로도 해결할 수 있을까?"
- "휴대폰 말고 다른 일을 했는데 그 기분이 괜찮아진 적 있어?"

- "어떤 일을 했을 때 괜찮아졌어? 또 어떤 일을 하면 괜찮아질 것 같아?"

이런 질문으로 아이의 학습 코드와 감정 패턴을 확인한 다음, 그에 맞추어 대안 행동을 알려준다.

아이의 상태에 따른 대안 행동
- 지루할 때: 책 읽기, 그림 그리기, 산책하기, 배드민턴 치기
- 불안할 때: 심호흡, 부모와 대화하기, 음악 듣기, 블록 조립
- 외로울 때: 친구에게 전화하기, 가족과 시간 보내기
- 두려울 때: 강아지 안아주기, 가족에게 안아달라고 하기

넛지 이론을 활용한 환경 디자인

행동경제학의 넛지Nudge 이론이란 사람들이 어려워하는 것을, 자발적으로 쉽게 개선할 수 있도록 도와주는 것이다. 이 이론을 활용하여 아이가 자연스럽게 건강한 선택을 하도록 환경을 디자인해보자. 마치 정원사가 식물이 잘 자라도록 토양과 환경을 조성하는 셈이다. 아이에게 "하지 마"라고 금지하거나 "해야 해"라고 강요하는 대신, 아이 스스로 좋은 선택을 할 수밖에 없는 환경을 만들어준다.

이때 핵심은 선택의 자유는 그대로 두면서 아이가 자신에게 도움 되는 방향으로 선택하도록 상황을 디자인하는 데 있다. 예를 들

어, 학교 급식실에서 과일은 사람 눈높이에 두고 과자는 구석진 곳에 두면 학생들은 자연스럽게 과일을 더 많이 선택한다. 이것이 바로 넛지의 원리다. 이렇게 환경을 디자인하면 아이의 학습 코드에는 스스로 좋은 습관을 만들어가는 패턴이 형성되고, 동시에 평생토록 이어지는 자기 관리 능력의 기초가 마련된다.

환경을 디자인할 때는 아이와 함께 상의하며 진행하는 게 바람직하다. 아이에게 "우리 방을 어떻게 꾸미면 공부하기 좋을까?", "어떤 순서로 하루를 보내면 좋을까?"라고 물어보고 의견을 들으면서 함께 환경을 만들어간다. 그리고 환경을 갑자기 한꺼번에 바꾸면 아이가 적응하지 못하거나 반발할 수 있으므로 작은 변화에서부터 시작한다.

일상에서 넛지 이론을 실천하기

- 물리적 환경의 디자인: 아이의 책상을 둘러보자. 무엇이 보이는가? 만약 휴대폰, 게임기, 만화책이 바로 눈에 띈다면 책상 앞에 앉았을 때 아이는 자연스럽게 그것들에 먼저 손을 뻗을 것이다. 그러니 책상 위에는 오늘 해야 할 숙제, 읽고 있는 책, 예쁜 문구류만 두게 하자. 휴대폰은 거실이나 부엌에서 충전하게 하고, 게임기는 다른 방에 보관했다가 정해진 시간에만 꺼내도록 한다. 이렇게 하면 아이는 방에 들어갔을 때 자연스럽게 책이나 숙제에 먼저 관심을 보이게 된다.

잠자리도 중요하다. 아이가 잠자리에서 휴대폰 보는 습관을 없애고 싶다면 방에 아예 전자 기기를 두지 않는다는 규칙을 만든다. 대신 침대맡에는 재미있는 소설이나 만화책을 비치해 잠들기 전 자연스럽게 독서를 유도한다. 또한 조명을 포근하고 어둡게 조절하여 잠이 잘 오는 환경을 만든다.

- 시간적 구조의 디자인: 일과의 순서도 전략적으로 설계할 수 있다. 아이가 학교에서 돌아와 가장 먼저 하는 일이 휴대폰 확인이라면 현관에서부터 동선을 바꾼다. 현관에서 신발을 벗고 들어오자마자 가방을 정리하고, 손을 씻고, 간식을 먹은 후에 숙제하는 루틴을 만드는 것이다. 휴대폰은 이 모든 과정이 끝나야 확인하도록 일과의 순서를 정한다. 처음에는 아이가 힘들어할 수 있지만 시간이 흐르면 익숙해지기 마련이다.

  주말 계획도 마찬가지다. 토요일 아침에 일어나서 가장 먼저 할 일을 미리 정해둔다. 예를 들어, 가족과 함께 산책하기, 독서 시간 갖기, 취미 활동하기 등을 휴대폰하기나 게임하기보다 앞서 배치한다. 재미있는 활동을 경험하면 디지털 기기에 대한 욕구가 자연스럽게 줄어든다.

- 보상과 선택을 활용한 디자인: 아이가 좋아하는 활동을 전략적으로 배치하는 것도 중요하다. 예를 들어, 아이가 유튜브 시청을 좋아한다면 완전히 금지하는 대신 '숙제를 마친 후 유튜브 30분 보기' 혹은 '독서를 30분 한 뒤에 유튜브 20분 보기' 등의

규칙을 정한다. 이때 아이가 이 규칙을 스스로 정하게 하는 것이 중요하다. 부모가 "네가 생각하기에 숙제를 다 하고 나서 유튜브를 얼마 동안 보는 게 좋을까?"라고 물어보면 아이는 보통 부모가 생각하는 것보다 합리적인 시간을 제안한다. 그렇지 않더라도 너무 놀라거나 실망하지 마시길. 솔직하게 자신의 욕구를 말하는 것은 심리적으로 건강하다는 뜻이고 부모와의 관계에 신뢰가 있다는 뜻이기 때문이다.

- 디지털 환경의 디자인: 휴대폰이나 태블릿의 홈 화면도 전략적으로 디자인할 수 있다. 첫 번째 화면에는 교육용 앱, 독서 앱, 학습 앱만 배치하고, 게임이나 엔터테인먼트 앱은 폴더 안에 숨기거나 여러 번 터치해야 열 수 있는 곳에 넣어둔다. 이렇게 하면 아이가 기기를 켰을 때 학습 앱을 먼저 보게 되고, 게임하려면 여러 단계를 거쳐야 하므로 자연스럽게 게임 앱의 사용이 줄어든다.

  알림 설정도 중요하다. 게임이나 SNS 앱의 알림은 모두 끄고, 대신 독서 앱이나 학습 앱에서는 긍정적인 내용의 알림이 오게 설정한다. "오늘 독서 목표까지 10분 남았어요!"와 같은 알림은 아이가 바람직한 활동을 계속하게 도와준다.

- 가족 환경의 디자인: 가족 전체의 생활 패턴도 디자인할 수 있다. 저녁 식사 시간에는 모든 가족 구성원이 휴대폰을 거실 바구니에 모아두고 대화에 집중하는 시간을 만든다. 부모가 먼저

이 규칙을 지키는 모습을 보이면 아이도 따라 하게 된다. 주말에는 가족이 함께하는 활동을 계획하여 아이가 혼자 디지털 기기에 빠져드는 시간을 줄인다.

거실 환경도 대화와 독서가 자연스럽게 이루어지도록 디자인한다. 소파는 책장이 잘 보이는 곳에 배치하고, 가족이 함께 읽을 수 있는 책들을 테이블 위에 펼쳐둔다. 보드게임이나 퍼즐 등의 아날로그 놀잇감도 가까이 둔다.

일상에서 집중력을 키우는 5가지 활동

뇌과학적 원리를 바탕으로 아이의 집중력을 효과적으로 기를 수 있는 실전 루틴과 게임을 소개한다.

명칭	활동 내용	목적 및 기대 효과
주의를 시각화하는 루틴	아이에게 '지금 내 주의가 어디에 있는지'를 색으로 표현하게 한다. 초록색은 '완전 집중', 노란색은 '반집중', 빨간색은 '산만함'으로 정하고, 수업 때 자신의 주의를 색으로 평가해보도록 한다.	시각화된 주의는 뇌에 더 오래 남고, 다음 행동 선택에 영향을 준다. 이 활동은 아이 스스로 정신 상태를 점검하고 관찰하는 습관을 길러준다. 또 "지금 무슨 색이야?"라는 질문과 답을 하며 부모와 아이가 소통할 수도 있다.

집중 타이머 루틴	집중을 잘 못하는 아이에게는 집중 시간을 차차 늘려가는 활동이 필요하다. 처음에는 "단 3분만 집중해보자"라고 말하고 타이머를 3분 후에 멈추게 해놓는다. 이처럼 아이가 "벌써 끝났어?"라고 말할 정도의 시간으로 이 활동을 시작하는 것이 가장 이상적이다.	뇌는 '끝났을 때의 기분'으로 그 행동을 기억한다. 이 감각이 다음에도 집중하는 동기가 된다. 무엇보다 아이가 성공 경험을 쌓는 것이 중요하다. 3분 집중하는 데 성공했다면 시간을 5분으로, 그다음에는 10분으로 점차 늘려간다.
작업 기억 강화 게임	'단어 세 개를 들려주고 거꾸로 말하기', '짧은 문장을 듣고 뜻 말해보기', '간단한 문장을 듣고 가장 중요한 단어만 기억하기' 등의 게임을 매일 반복하면 작업 기억 능력이 좋아진다.	차를 타고 가면서, 식사하면서, 산책하면서 일상에서 할 수 있는 이런 활동은 놀이이자, 뇌에 훌륭한 운동이 된다. 점차 난도를 높여 아이의 작업 기억 용량을 늘릴 수 있다.
주의 사냥 게임	창밖 풍경을 보며 '노란색 물체 찾기', '움직이는 것만 보기' 등의 게임을 한다. 아이가 이렇게 노는 중에 뇌는 집중의 필터를 훈련하게 된다. 이 활동은 특히 감각 입력에 민감한 아이에게 효과적이다.	이 놀이는 선택적 주의력을 기르는 데 탁월하다. 복잡한 환경에서 특정한 것만 찾아내는 능력은 집중력의 핵심이다. 교실에서 선생님의 목소리만 찾아 듣거나, 책에서 중요한 부분만 골라 읽는 것도 같은 원리다.

뇌 안에 잠든
학습 코드를 깨워라

7

아이의 뇌는 매일 성장하고 있다

: 성장하는 뇌

핵심

° 뇌는 가소성을 가진 변화 가능한 시스템이다.
° 긍정적 감정과 안정적 인간관계가 뇌 발달을 촉진한다.
° 부모의 언어가 아이의 뇌 회로 설계에 결정적 영향을 미친다.
° '아직'이라는 단어와 과정 중심 칭찬이 아이의 도전 의식과 학습 회로를 강화한다.
° 뇌 성장은 점진적이므로 부모는 인내심을 갖고 기다려야 한다.

뇌의 가소성,
놀라운 성장과 변화의 열쇠

뇌는 고정된 기관이 아니다. 가소성을 가진 변화 가능한 시스템이다. 즉, 아이의 학습 코드는 계속해서 바뀔 수 있으며, 그 변화는 작고 반복적인 경험 속에서 서서히 일어난다. 그러므로 "우리 아이는 원래 이래요"라는 말은 뇌과학적으로 맞지 않다.

매일 수학 문제를 푸는 아이의 뇌는 수학적 사고와 관련된 회로가 강화되고 점점 더 정교하고 효율적으로 작동하게 된다. 반대로 "너는 수학에 소질이 없어"라는 말을 반복해서 듣는 아이는 수학에 대한 자신감을 잃고 수학 학습을 회피하게 된다. 그 결과 수학 관련 활동이 줄어들어 수학적 사고와 관련된 뇌 회로의 발달이 저해될 수 있다.

이처럼 뇌는 자주 사용되는 회로는 강화하고 사용 빈도가 낮은 회로는 상대적으로 발달을 지연시키는데, 학습 코드 형성에도 직접적인 영향을 미친다. 한 예로 악명 높은 런던의 복잡한 도로를 지속적으로 운전하는 택시 기사들을 들 수 있다. 이렇게 반복적으로 공간을 탐색하는 과정에 기사들의 뇌에서 해마의 크기가 실제로 커지는 것이 관찰되었다. 이는 새로운 학습이 뇌 구조에 물리적인 변화를 불러온다는 강력한 증거다.

가소성은 여러 차원에서 일어난다. 가장 미시적인 차원에서는 시냅스의 강도가 변한다. 자주 사용되는 신경 연결은 강해지고, 잘 사용되지 않는 신경 연결은 약해진다. 좀 더 거시적인 차원에서는 뉴런의 수상돌기가 자라나고 새로운 시냅스가 형성된다. 심지어 어른의 뇌에서도 새로운 뉴런이 생성된다. 특히 학습과 기억을 담당하는 해마에서는 평생에 걸쳐 신경 세포가 생성된다.

아동기와 청소년기의 뇌는 어른의 뇌보다 가소성이 훨씬 높다. 민감기 혹은 임계기라고 하는 이 시기에는 새로운 정보를 받아들이고 회로를 재구성하는 뇌의 능력이 극대화된다. 물론 민감기가 지나도 변화가 불가능하지는 않다. 어른의 뇌도 여전히 놀라운 가소성을 가진다. 다만 변화의 속도가 느려지고 더 많은 시간과 반복, 의식적인 노력이 필요할 뿐이다.

아이의 뇌 잠재력을
활짝 꽃피우는 법

뇌의 가소성, 즉 변화하고 성장할 수 있는 뇌의 특성을 잘 활용하려면 부모는 아이에게 믿음을 주고 안정적인 인간관계를 쌓게 해주는 것이 필수다. 이 2가지에 대해 자세히 알아본다.

믿음의 힘으로 뇌를 성장시킨다

자녀가 변화되기를 원한다면 먼저 해야 할 일이 있다. 바로 '믿는 것'이다. 아이가 무엇인가 해보려고 하고, 잘해보려고 애쓰고 있으며, 자기 삶을 잘 누리면서 살아갈 것을 믿어야 한다.

왜냐고? 아이는 부모의 믿음을 내재화하고 자신에 대한 개념, 신념, 정체감을 기준으로 삼아 성장하기 때문이다. 이 믿음은 다양한 학문 분야에서 검증되었다. 상담의 대상관계 이론에서는 외부 대상, 중간 대상, 내부 대상, 투사적 동일시라는 개념으로 이를 설명한다. 심리학에서는 '자기 충족적 예언'이라는 용어로 정의하고 인지심리학에서는 '확증 편향'으로 이를 설명한다.

시기상 아직 완성되지 않은 아이의 뇌는 구조나 연결이 확정되지 않아서 말랑말랑하고 유연하다. 그래서 마치 최면 상태에 있는 것처럼 다른 사람의 생각이나 말에 매우 쉽게 영향을 받는다. 아이의 학습 코드는 부모나 주변 사람이 자신에 대해 하는 말, 기대에 더욱 큰 영향을 받는다. 이런 말과 기대를 아이는 내재화하여 자신에 대한 강력한 이미지나 개념으로 만들어 살아간다.

부모가 아이에게 신념이나 믿음을 심어주는 쉬운 방법이 있다. 진심을 가지고 반복해서 들려주면 된다. "너는 무엇이든지 할 수 있는 사람이란다", "너는 노력하면 무엇이든 할 수 있는 사람이란다", "너는 꾸준히 성장하는 사람이야"라고 말이다. 그런데 이렇게 이야기하는 부모도 있다. "네가 하는 일이 그렇지 뭐." "너는 그런 걸 할 수 있는 사람이 아니야."

부모라면 아이에 대해 기대와 믿음을 품고 있기 마련이다. 그것이 무엇이든 문장으로 만들어 매일 아이에게 선물을 주는 마음으로 들려주면 아이의 뇌에 각인된다. 훗날 부모가 떠나고 없는 세상에서 평생 아이가 가슴에 등대처럼 간직할 문장을 이번 기회에 한번 만들어보는 건 어떨까?

안정적인 인간관계로 뇌 발달을 촉진한다

인간의 뇌는 사회적 상호 작용을 통해 발달한다. 특히 아이의 뇌는 부모나 주 양육자와의 관계에서 결정적인 영향을 받는다. 안정적인 애착 관계는 아이의 뇌 발달과 학습 코드 형성에 근본적인 토대를 제공한다. 사랑받는다는 느낌, 안전하다는 감각은 뇌의 스트레스 반응 시스템을 조절하고, 탐색과 학습을 할 수 있는 심리적 여유를 갖게 한다. 반면 불안정한 관계나 지속적인 스트레스는 뇌의 발달을 방해할 수 있다.

부모의 역할은 그저 단순히 지식을 전달하는 데 그치지 않는다. 부모는 아이의 뇌와 건강한 학습 패턴을 발달시키는 관계적 환경을 제공한다. 따뜻한 관심, 적절한 도전, 실패에 대한 수용, 성공에 대한 기쁨 공유 등이 모두 아이의 뇌 발달에 긍정적 영향을 미친다.

어떻게 말해야 아이의 뇌 발달에 도움이 될까?

"왜 그랬어?"라는 부모의 질문은 아이를 방어적으로 만들 수 있다. 아이는 별 이유 없이 행동했을 가능성이 크고, 이런 질문은 해답보다 자책을 유도할 가능성이 크다. "넌 왜 항상 그래?"라는 말은 아이에게 가능성을 제한하고 고정된 정체성을 심어줄 위험이 있다. 이런 부정적 메시지가 반복되면 아이의 학습 코드에 학습된 무력감과 유사한 패턴이 새겨지기도 한다. "넌 안 돼", "넌 못 해" 등의 말을 반복해서 들으면 아이는 실제로 할 수 있는 일도 시도하지 않게 된다. 이런 말을 마음에 담은 아이의 에너지는 점점 아래로 가라앉는다.

아이를 성장하게 하는 부모의 말

결과보다는 노력을, 완벽보다는 성장을 강조하는 부모의 말이 아이에게 도움이 된다. "이건 어려웠지? 그런데 다시 시도하다니 멋지다", "이건 네가 포기하지 않았다는 증거야"와 같은 말은 아이를 나아가게 한다. 이런 말은 아이에게 도전과 실패를 성장의 경험으로 받아들이는 패턴을 형성시킨다.

스탠퍼드대학교 심리학과 캐럴 드웩Carol Dweck 교수는 아이가 자기 능력을 바라보는 관점을 2가지로 구분했다. 하나는 '고정 마인드셋'으로, 능력은 타고난다고 생각하는 태도다. 다른 하나는 '성장 마인드셋'으로, 노력하면 능력이 늘어난다고 믿는 태도다.

고정 마인드셋을 가진 아이는 자신의 능력이 변하지 않는다고 믿는다. 따라서 실패를 무능력의 증거로 받아들이고 도전을 피하려고 든다. '나는 원래 수학을 못해'라고 여겨서 어려운 문제는 아예 해결할 시도조차 하지 않는다. 반면 성장 마인드셋을 가진 아이는 노력으로 능력이 향상될 수 있다고 믿는다. 따라서 실패를 학습의 기회로 받아들여 '이번엔 틀렸지만 다시 풀어보면 할 수 있어'라고 생각하고 다시 도전한다.

노력과 과정을 강조하는 부모의 말

- **'아직'의 힘을 활용한다.**

  부모가 아이에게 말할 때는 "넌 수학을 못해"가 아니라 "넌 아직 수학이 어려워"라고 표현해야 한다. '아직'이라는 단어는 성장 가능성에 대한 희망적 메시지를 전한다.

스탠퍼드대학교의 연구에 따르면, 시험에서 낙제점을 받은 학생에게 '아직 통과하지 못했음'이라는 평가를 주었더니, '낙제'라는 평가를 받은 학생보다 다음 시험에서 더 좋은 성과를 보였다. 평가자의 단어가 학습자의 동기와 태도에 실제로 영향을 미친 것이다.

- **과정을 칭찬한다.**

아이가 어떤 결과를 보여주었을 때 부모는 "와, 정답 맞았네!"와 같은 반응보다는 "이 문제 풀려고 얼마나 고민했는지 알겠어"라는 식으로 반응하는 게 바람직하다. 이처럼 결과보다 과정을 인정하면 아이는 도전과 학습 자체에서 의미를 찾는다.

"세 번이나 다시 시도한 끈기가 멋져!", "다른 방법을 찾아보려고 하는 네 모습이 인상적이야!", "모르는 걸 솔직하게 질문한 용기가 대단해!", "실수를 고치려고 노력하는 태도가 좋아!" 등은 과정을 인정하는 말의 사례다.

- **실패를 재구조화한다.**

아이가 어떤 일에서 좋은 성과를 내지 못했을 때 부모는 "이건 실패야"가 아닌 "이건 너의 도전 기록이야"라고 표현하도록 한다. 이렇게 하면 아이는 실패를 덜 두려워하게 되고 경험을 학습의 기회로 받아들인다.

"이번 시도로 뭔가 새로운 걸 배웠을 거야", "실패는 성공으로 가는 과정의 일부야", "이렇게 안 되는 방법을 하나 발견했네", "완벽하지 않아도 도전한 것 자체가 의미 있어" 등은 실패를 학습 기회로 재구조화하는 말의 사례다.

뇌 발달을 돕는
효과적인 피드백은 따로 있다

　　　　　　　　　　부모가 아이에게 피드백할 때는 학습 동기를 높이고 성찰을 유도하는 방식으로 접근해야 한다. 효과적인 피드백은 아이의 학습 코드에 성장 마인드셋을 강화하는 역할을 한다.

- 과정 중심의 피드백

　　비효과적인 피드백: "틀렸네. 이 부분 다시 공부해."
　　효과적인 피드백: "여기서 어떤 방식으로 접근했는지 말해줄래? 네 생각 과정이 궁금해."

　　전자는 결과만 지적하는 반면, 후자는 사고 과정에 관심을 두는 말이다. 아이가 자신의 사고 과정을 언어화할 때 메타인지 능력이 발달하고 학습 효과가 높아진다.

- 성장 가능성을 열어주는 피드백

　　부담을 주는 피드백: "넌 할 수 있어." "더 열심히 해."
　　동반자적인 피드백: "우리 함께 방법을 찾아보자." "이번에는 어떻게 접근해볼까?"

　　전자는 때로 아이에게 성과에 대한 압박을 주는 반면, 후자는 아이를 안정시키고 도전을 안전하게 느끼게 한다.

- **실수를 학습 기회로 바꾸는 피드백**

  실수를 문제로 보는 피드백: "또 틀렸니?" "집중 안 했구나."
  실수를 정보로 보는 피드백: "이 실수가 알려주는 것이 뭘까?" "어떤 부분에서 헷갈렸는지 찾아보자."

  실수를 학습을 위한 소중한 정보로 접근해야 한다. 그러면 아이는 실수를 두려워하지 않고 학습의 기회로 받아들인다.

뇌 발달 여정에서 필요한 부모의 마음가짐

아이의 뇌는 매일 조금씩이지만 분명히 자라고 있다. 부모라면 아이와 나누는 대화, 함께 보내는 시간, 주고받는 상호 작용 하나하나가 아이의 뇌 발달에 영향을 미친다는 점을 염두에 두고 다음과 같은 마음가짐을 품어야 한다.

첫째, 인내심을 발휘하라. 뇌의 성장은 단기간에 눈에 띄는 변화를 보이지 않을 수 있다. 하지만 일관된 환경과 지속적인 자극이 주어지면 변화는 반드시 일어난다. 그때까지 부모는 인내심을 발휘해야 한다. 뇌는 점진적이고 누적해서 성장한다. 뇌는 생물학적 기관이므로 새로운 신경 연결이 형성되고 강화되는 데는 물리적으로 시간이 필요하다.

둘째, 개인차를 인정하고 변화의 방향을 중시하라. 모든 아이의 뇌가 같은 속도와 방식으로 성장하지는 않는다. 개인차를 인정하고 존중하자. 결국 변화의 속도보다는 방향이 중요하다.

셋째, 아이를 믿고 과정을 중요하게 여겨라. 아이의 뇌는 아직 발달 중이다. 이는 곧 무한한 잠재력과 가능성이 있다는 뜻이다. 부모가 아이의 가능성을 믿고 지켜보는 것 자체가 아이에게는 성장의 강력한 동력이 된다.

뇌의 가소성은 과학적 사실이다. 적절한 자극과 일관된 환경이 제공되면 뇌는 반드시 변화한다. 이는 개별 뉴런 차원에서부터 전체 회로 차원까지 모든 수준에서 관찰되는 현상이다. 부모는 이 과정을 잘 이해하고 아이에게 꾸준히 적용할 필요가 있다. 특히 작은 변화가 쌓여 큰 성장으로 이어진다는 점을 알아두어야 한다. 결국 아이의 뇌 발달과 학습 코드 형성에서 부모의 역할은 아이를 성장시키는 기본 조건을 계속 제공하는 것이다. 그러면서 부모도 아이와 함께 성장한다.

뇌 안에 잠든
학습 코드를 깨워라

8

부모는 최고의
뇌 환경 디자이너

: 학습 설계의 뇌

핵심

- 부모는 아이의 첫 번째 학습 공간 설계자다.
- 적절한 물리적 환경은 아이의 인지 효율에 좋은 영향을 줄 수 있다.
- 조명, 온도, 소음, 공간 배치는 학습 환경의 중요한 요소다.
- 체계적인 공간 구조는 학습 효율 향상에 도움이 될 수 있다.
- 부모의 공간 사용 패턴은 아이에게 모델이 된다.

미네소타대학교의 조안 마이어스-레비Joan Meyers-Ley 교수가 실시한 창의성 실험은 놀랍다. 그는 참가자들을 천장이 각각 3미터, 2.4미터인 두 개의 방에 나누어놓은 뒤 창의성을 측정했는데, 겨우 60센티미터 차이였지만 결과는 크게 달랐다. 천장이 더 높은 방에 있던 참가자들이 훨씬 창의적인 아이디어를 냈다.

또 다른 신기한 실험이 예일대학교에서 있었다. 실험팀은 참가자를 나누어 일부는 따뜻한 음료를, 일부는 차가운 음료를 들고 있게 하고 낯선 사람을 평가하게 했다. 그 결과, 따뜻한 음료를 든 참가자가 차가운 음료를 든 참가자보다 낯선 사람을 더 '따뜻하고 친근한 사람'으로 평가했다. 손의 온도가 사람에 대한 판단에 영향을 미친 것이다.

텍사스 오스틴대학교의 에이드리언 워드Adrian Ward 교수팀도 충격적인 발견을 했다. 참가자들 중 한 그룹은 휴대폰을 책상 위에 올려놓고, 한 그룹은 휴대폰을 아예 다른 방에 두고 인지 능력 테스트를 했다. 놀랍게도 휴대폰이 책상 위에 있기만 해도, 심지어 전원이 꺼져 있어도 인지 능력이 현저히 떨어졌다. 이를 통해 워드 교수팀은 무의식중에 뇌가 휴대폰에 주의를 기울이고 있음을 밝혀냈다.

엑스터대학교에서 실시한 식물 실험도 흥미롭다. 사무실에 작은 화분을 배치한 것만으로도 직장인의 생산성이 15퍼센트 향상되었다. 단지 녹색 잎사귀 몇 개가 뇌의 피로를 줄이고 인지 능력을 끌어올린 것이다. 연구진은 식물이 있는 환경이 직원에게 '회사가 자신을 배려한다'라는 신호를 보내기 때문이라고 분석했다.

이런 사례들에서 환경의 숨겨진 힘을 알 수 있다. 우리는 의식하지 못하지만 공간의 모든 요소가 뇌에 신호를 보내고, 그 신호가 우리의 사고와 행동에 영향을 준다. 아이의 학습도 마찬가지다. 빛의 세기, 천장의 높이, 벽의 색깔, 책상의 배치, 심지어 방 안의 습도와 향기까지도 아이의 학습 코드를 구성하는 요소에 해당한다. 이런 요소들이 함께 작용하여 아이의 학습 코드가 활성화되고 이어서 뇌가 학습 모드로 전환되는 데 영향을 미친다.

공부에 몰입하게 하는
학습 공간의 디자인 원칙

환경은 단순한 배경이 아니다. 뇌에 직접 신호를 보내는 무언의 지시자다. 이런 점에서 부모는 가정에서 아이의 학습 코드에 최적화된 학습 공간을 적극적으로 디자인할 필요가 있다.

이와 더불어 부모의 모범적인 공간 사용도 아주 중요하다. 부모가 책상을 정리하고, 물건을 제자리에 두고, 집중할 때는 핸드폰을 가까이 두지 않는 모습을 반복해서 보면, 아이의 뇌에는 공간 관리 회로가 자연스럽게 형성된다. 부모가 "정리하라"고 백번 말하는 것보다 직접 정리하는 모습을 보여주는 것이 아이에게는 훨씬 강력한 효과를 발휘한다.

가정의 학습 공간 디자인 원칙

- 디지털 디톡스 존을 설계한다.

  휴대폰뿐만 아니라 태블릿, 게임기 등 모든 디지털 기기를 학습 공간에서 완전히 분리한다. 심지어 전원을 꺼놓았어도 뇌는 디지털 기기를 인식하고 무의식적으로 주의를 기울일 수 있다. 그러므로 디지털 기기는 학습 공간에서 최소 3미터 이상 떨어진 곳에 보관하는 것이 좋다.

- 플리커프리 조명을 사용한다.

  형광등이나 일부 LED 조명은 초당 100~120회 깜빡인다. 맨눈으로는 보이지 않지만 뇌는 이 미세한 깜빡임(플리커)을 감지한다. 조명의 깜빡임이 지속되면 눈의 피로, 두통, 집중력 저하가 발생할 수 있다는 연구들이 있다. 기존 형광등이나 저가 LED 조명을 플리커프리Flicker Free 제품으로 교체하는 것을 고려해보도록 한다. 플리커프리 조명은 뇌의 시각 처리 부담을 줄여 더 효율적인 학습을 돕는다.

- 온도와 습도를 조절한다.

일반적으로 사람이 쾌적하게 여기는 온도는 18~22도, 습도는 40~60퍼센트다. 극단적으로 덥거나 추운 환경에서는 뇌가 체온 조절에 에너지를 사용하기 때문에 집중하기가 어렵다. 그런데 쾌적함에 대해서는 개인차가 있으므로 아이가 편안해하는 온습도를 찾는 게 가장 중요하다.

- 소음을 조절한다.

완전히 조용한 환경이 모든 아이에게 좋지는 않다. 어떤 아이에게는 적당한 백색소음이 집중에 도움이 된다. 하지만 갑작스러운 소음이나 대화 소리는 대체로 집중을 방해한다. 아이의 학습 코드 특성을 관찰하여 가장 적합한 소음 환경을 마련해주는 것이 좋다.

- 시각적 높이감을 만든다.

높은 천장은 뇌에 '자유롭게 생각해도 된다'라는 신호를 보낸다. 반대로 낮은 천장은 집중과 세밀함을 요구하는 작업을 할 때 적합하다. 천장이 낮은 방에 시각적 높이감을 주고 싶다면 벽에 하늘이나 넓은 풍경 사진을 붙이거나 세로줄 패턴을 활용하도록 한다. 거울을 전략적으로 배치해도 공간이 넓어 보이는 효과가 있다.

- 향기를 학습 신호로 활용한다.

    공부 시간에만 특정 향기(페퍼민트, 유칼립투스 등)를 사용하여 뇌가 그 향기를 '학습 신호'로 학습하게 한다. 시간이 지나면 그 향기만 맡아도 자동으로 집중 모드로 전환되는 조건 반응이 만들어질 가능성이 있다.

- 자연 요소를 활용한다.

    작은 화분 하나만으로도 학습 환경이 개선될 수 있다. 식물은 시각적 휴식을 제공할 뿐만 아니라 공간에 생명력을 더해 긍정적인 심리 상태를 만들어준다. 관리가 쉬운 작은 다육식물이나 공기정화 식물을 활용해보자.

온 가족이 동참한 21일 공간 실험의 기적

환경과 관련하여 한 가족의 실제 사례를 소개한다. 중학교 1학년 서준이네 가족은 21일 동안 공간 실험에 동참했다. 1주 차에는 서준이 방에서 모든 디지털 기기를 완전히 치웠다. 휴대폰은 거실 서랍에, 태블릿은 부모 방에 보관했다. 2주 차에는 책상 옆에 작은 화분 하나를 놓고, 기존 형광등을 플리커프리 LED로 교체했다. 3주 차에는 벽에 넓은 하늘 사진을 붙이고 간접 조명을 추가했다.

그러자 놀라운 변화가 일어났다. 서준이는 1주 차에는 "휴대폰이 없으니까 집중이 더 잘되는 것 같아요"라고 했고, 2주 차에는 "새 조명으로 바꾸니까 눈이 덜 피곤하고 방 분위기가 좋아졌어요"라고 했으며, 3주 차에는 "방에 있는 것 자체가 기분 좋아요"라고 했다. 서준이 어머니는 "아이가 스스로 책상 정리를 하기 시작했고, 예전보다 훨씬 오래 앉아 있어요"라고 말했다.

특히 흥미로웠던 것은 조명을 바꾼 후의 변화였다. 서준이는 평소 집중력이 짧고 산만한 성향이었는데, 공부방의 조명을 플리커프리 LED로 교체한 다음에 눈에 띄는 변화가 나타났다. 서준이 어머니의 관찰에 따르면, 서준이가 예전처럼 짜증을 자주 내지 않았다. 책상에 앉아서도 몸을 움직이거나 딴 곳을 쳐다보던 행동도 많이 줄었다. 물론 이런 변화가 오로지 조명을 교체한 효과라고 단정할 수는 없다. 하지만 기존 형광등의 미세한 깜빡임이 일부 아이에게는 시각적 스트레스를 줄 뿐 아니라 집중력 저하와 짜증 내는 것과 연관 가능성이 있다는 결과를 내놓은 연구들이 존재한다. 특히 감각적 자극에 더 민감한 ADHD 성향의 아이는 조명의 플리커 같은 미세한 자극에도 집중력이 흐트러질 가능성이 있다. 조명에 대해 서준이는 "전에는 뭔가 눈이 피곤하고 답답했는데, 새 조명은 더 편안해요"라고 표현했다.

이렇듯 공간이 바뀌자 아이의 학습 패턴도 바뀌었다. 환경의 영향은 사람들이 생각하는 것보다 훨씬 강력하다. 부모는 환경의 힘을 이해하고, 아이를 관찰하고 실험하며 뇌가 최적으로 작동할 수 있는 공간을 디자인해야 한다.

공부 잘되는 집을 만드는 체크리스트

지금까지 살펴본 내용을 바탕으로 아이의 학습 환경을 종합적으로 점검해보자. 다시 한번 강조하는데 학습이란 회로 설계다. 그리고 디자이너인 부모는 반드시 도면에 해당하는 학습 환경을 정기적으로 점검해야 한다.

항목	점검 질문	점검 내용
관계적 환경	부모와 아이 간의 신뢰 관계가 형성되어 있는가?	
	학습이 강압이 아닌 협력으로 이루어지는가?	
	아이의 개별성과 속도가 존중되는가?	
	가정 내 학습에 대한 긍정적 분위기가 형성되어 있는가?	
시간적 구조	하루의 공부 루틴이 예측 가능한 구조로 되어 있는가?	
	아이의 생체 리듬을 고려한 시간표인가?	
	적절한 휴식 시간이 포함되어 있는가?	
	충분한 수면 시간이 확보되어 있는가?	

정서적 환경	실수했을 때 아이가 회피하는가, 아니면 다시 시도하려 하는가?	
	아이가 자유롭게 질문할 수 있는 분위기인가?	
	부모의 피드백은 '결과'보다 '과정'을 중심으로 이루어지는가?	
	아이가 자신의 의견을 표현할 수 있는가?	
물리적 환경	아이가 공부하는 공간에 주의 분산 요소는 없는가?(텔레비전, 휴대폰, 시계 소리, 잡동사니 등)	
	조명은 적절한가? 너무 밝거나 어둡지 않은가?	
	온도와 습도는 쾌적한가?	
	소음 수준은 적절한가?	
결과적 지표	공부가 끝난 후, 아이의 표정은 가라앉아 있는가, 만족해 하는 듯이 보이는가?	
	아이에게 스스로 공부하려는 동기가 있는가?	
	학습에 대한 아이의 전반적인 태도는 어떤가?	
	가정 내 학습 관련 갈등이 줄어들고 있는가?	

뇌 안에 잠든
학습 코드를 깨워라

9

작은 반복이 만드는
거대한 변화

: 습관의 뇌

핵심

- 습관이 계속되면 정체성이 변화한다.
- 뇌는 단순 반복이 아닌 구조화된 루틴을 습관으로 기억한다.
- 아주 작은 습관과 2분 규칙이 습관 형성의 시작점이다.
- 기존 습관에 새로운 행동을 연결하면 습관이 효과적으로 쌓인다.
- 1퍼센트 개선의 복리 효과가 아이의 삶을 완전히 바꾼다.

공부를 잘하는 아이와 그렇지 않은 아이에게서 관찰되는 가장 뚜렷한 차이는 바로 습관에 있다. 공부를 잘하는 아이는 매일 아침 교과서를 미리 보거나, 숙제하기 전에 책상을 정리하거나, 잠들기 전 오늘 배운 내용을 떠올려보는 등의 바람직한 습관이 있다. 이런 작은 행동이 반복되면 뇌에 자동화된 학습 패턴이 만들어지고, 이것이 아이의 학습 코드를 구성한다.

작은 습관이 쌓이고 쌓여 정체성 변화를 이끈다

습관의 힘은 즉시 나타나지 않는다. 마치 대나무가 5년 동안에는 3미터밖에 자라지 않다가 6주 만에 30미터까지 자라는 것처럼 습관도 어느 순간 폭발적인 성장을 보여준다. 한마디로 복리 효과라고 할 수 있다. 자기계발 전문가 제임스 클리어James Clear가 저서 《아주 작은 습관의 힘》에서 언급했듯이, 매일 1퍼센트씩만 나아져도 1년 후에는 37배나 좋아진다. 반대로 매일 1퍼센트씩 나빠지면 1년 후에는 거의 0에 가까워진다. 아이의 학습 습관도 마찬가지다. 하루 10분의 복습 습관이 1년 후에는 학습 코드를 완전히 바꾸어놓는다.

> 작은 습관이 만드는 변화
> - 매일 단어 세 개 외우기 → 1년 후 외운 단어 1천 개 이상
> - 매일 5분 복습하기 → 시험 스트레스 감소
> - 매일 책상 정리하기 → 집중력과 자기 관리 능력 향상
> - 매일 계획 세우기 → 시간 관리와 실행력 개발

그런데 습관을 단순한 행동의 반복으로 여겨서는 안 된다. 습관은 뇌의 구조를 바꾸고 정체성을 형성하며 인생을 바꾼다.

무엇보다 습관이 계속되면 최종적으로는 정체성이 변화한다. '나는 공부하는 사람이야', '나는 책을 읽는 사람이야', '나는 꾸준한 사람이야'라는 정체성이 형성되면 아이는 더 이상 의지력에 의존하지 않아도 된다. 부모는 아이의 학습 코드에 이런 정체성이 뿌리내리도록 도와줄 수 있다. 아이에게 정체성 형성에 바람직한 말을 반복적으로 해주는 것이다.

아이의 정체성을 만들어주는 말

- "너는 정말 성실한 사람이구나."
- "매일 꾸준히 하는 네 모습이 멋져."
- "너는 자기 관리를 잘하는 아이야."
- "도전을 포기하지 않는 네가 대단해."

부모의 말이 아이의 정체성을 만들고, 그 정체성이 다시 행동을 이끈다.

뇌는 반복보다 루틴을 기억한다

습관 역시 사람의 의지가 아닌 뇌 구조의 문제다. 기저핵은 뇌 깊숙이 위치한 신경핵 집합체로, 인간의 모든 자동화된 행동을 관리한다. 처음 새로운 행동을 할 때는 전두엽이 의식적으로 제어한다. 하지만 같은 행동을 반복하면 기저핵이 그 패턴을 학습하여 저장한다. 우리가 의식하지 않고도 이를 닦고 자전거를 타며 운전할 수 있는 이유가 여기에 있다. 그런데 기저핵은 에너지 효율성을 중시한다. 뇌는 체중의 2퍼센트에 불과하나 전체 에너지의 20퍼센트를 소비하는 막대한 소비 기관이기에 반복되는 행동을 자동화하여 에너지를 절약하려 한다. 이것이 바로 습관이 형성되는 생물학적 이유다.

하지만 반복만으로는 습관이 되지 않는다. 매번 다른 시간, 다른 방식, 다른 감정 상태에서 이루어지는 행동은 기저핵이 예외적 사건으로 처리한다. 반면 정해진 시간, 정해진 장소, 정해진 순서로 이루어지는 행동은 뇌가 저장할 가치가 있는 패턴으로 인식해 학습 코드의 습관 회로로 옮긴다.

이 과정과 밀접한 관련이 있는 신경전달물질들이 있다. 이어서 도파민, 수초, 세로토닌, 가바, 아세틸콜린 등에 대해 알아보자.

도파민, 습관의 화학적 연료

도파민은 습관 형성의 핵심 신경전달물질이다. 도파민은 흔히 쾌락 호르몬으로 알려져 있으나 실제로는 예측과 동기의 호르몬이다. 흥미롭게도 도파민은 보상을 받을 때가 아니라 보상을 예측할 때 가장 많이 분비된다.

도파민이 습관 형성에 중요한 이유는 무엇일까? 처음에는 보상을 받을 때 도파민이 나오지만, 습관이 형성되면서 점차 보상을 예측하는 신호를 감지할 때 도파민이 나온다. 예를 들어 아이가 공부 후 부모의 칭찬을 받는 경험이 반복되면, 나중에는 책상에 앉는 것만으로도 도파민이 분비되어 아이가 자연스레 공부하고 싶은 마음이 생긴다. 또한 부모가 "이 문제를 풀면 얼마나 뿌듯할까?"라고 말했을 때도 아이의 뇌에서 도파민이 분비되어 학습 동기가 높아진다. 반대로 "못 하면 혼날 거야"라는 부모의 말은 아이의 뇌에서 도파민 분비를 억제하고 스트레스 호르몬인 코르티솔을 증가시킨다.

수초화, 습관의 고속도로

반복된 행동은 뇌에 물리적인 변화를 불러온다. 이것이 바로 수초화髓鞘化다. 수초는 신경섬유를 둘러싸는 절연체 역할을 하는 물질로, 마치 전선을 감싸는 절연테이프와 같다. 수초가 감쌀수록 신경 신호의 전달 속도가 빨라지는데 최대 100배까지 빨라진다. 이 과정은 고속도로 건설에 비유할 수 있다. 사람이 처음 새로운 행동을 할 때는 좁은 시골길을 가는 것과 마찬가지다. 신호가 느리고 에너지가 많이 든다. 하지만 같은 행동을 반복하면 점차 길이 넓어져 결국 8차선 고속도로가 된다. 이때는 신호가 빠르게 전달되고 에너지 소비도 크게 줄어든다.

수초화가 완성되는 데는 약 8주가 걸린다. 8주 동안 꾸준히 반복하면 뇌의 물리적 구조가 바뀌면서 그 행동이 아이의 학습 코드에 완전히 자동화된다. 습관이 형성되는 데는 8주가 걸린다는 '8주 법칙'이 여기에서 비롯되었다.

신경전달물질의 4중주

도파민과 수초 외에도 습관 형성에는 여러 신경전달물질이 협력한다. 세로토닌은 기분을 안정시키고 만족감을 주어 습관 지속력을 향상시킨다. 가바GABA는 불안과 스트레스를 억제해 습관 형성에 적합한 환경을 조성한다. 아세틸콜린은 주의 집중과 학습을 도와 새로운 습관 학습을 촉진한다.

습관은 이 3가지 신경전달물질과 도파민이 균형을 이룰 때 가장 효과적으로 형성된다. 그리고 이것들이 균형을 이루려면 충분한 수면과 규칙적인 생활은 필수다.

습관을 만들 때 참고하면 좋을 것들

습관을 만드는 원리, 규칙, 공식 등에 대해서 알아본다. 이미 검증된 방법들 가운데 아이에게 가장 적합한 것을 찾아 꾸준히 적용해보는 과정이 필요하다.

뇌과학자가 찾아낸 3단계 습관 형성 메커니즘

MIT 뇌인지과학과의 앤 그레이비엘Ann Graybiel 교수는 쥐 실험을 통해 습관 형성 메커니즘을 발견했다. 이 메커니즘은 총 3단계로 이루어진다.

습관 형성 메커니즘

- 1단계. 신호 감지: 뇌는 시간, 장소, 사람 등 특정한 환경적 신호를 감지한다. 다시 말해, '저녁 8시'라는 시간, '책상'이라는 장소, "공부 시간이야"라는 부모의 말 등이 모두 신호가 될 수 있다.
- 2단계. 루틴 실행: 신호를 감지하면 뇌는 저장된 행동 패턴을 실행한다. 처음에는 의식적으로 결정하고 실행해야 하지만 반복하면 점차 자동화된다. 이 과정에서 전두엽의 역할은 줄어들고 기저핵의 역할이 커진다.
- 3단계. 보상 경험: 행동을 마친 후 뇌는 보상을 경험한다. 보상이 반드시 물질일 필요는 없다. 성취감, 안도감, 부모의 인정, 혹은 '해냈다'라는 감정도 보상이 된다. 이 보상은 다음에도 같은 행동을 하고 싶게 하는 동기가 된다.

이 3단계가 반복되면 뇌에서 신경 회로가 강화되고, 이렇게 형성된 자동화된 패턴이 아이의 학습 코드를 구성한다. 결국 의식적인 노력 없이도 자동으로 실행되는 습관이 된다. 여기서 중요한 것은 각 단계가 전부 실행되어야 한다는 점이다. 신호만 있고 보상이 없거나, 보상만 있고 신호가 불분명하면 습관은 결코 만들어지지 않는다.

작은 성공 경험을 쌓는 '2분 규칙'

새로운 습관을 만들 때 처음부터 완벽한 루틴을 세우려 하지 말아야 한다. '매일 2시간 공부하기', '매일 책 30쪽 읽기' 등과 같은 큰 목표는 뇌를 압도한다. 이럴 때는 2분 이내로 끝낼 수 있는 작은 행동을 실천하는 '2분 규칙'을 활용해보자. '매일 2시간 공부하기' 대신에 '매일 책상에 앉기'를, '매일 책 읽기' 대신에 '매일 책 한 페이지 읽기'를 실천하는 것이다.

그런데 왜 2분일까? 뇌의 전두엽은 작고 명확한 행동에 더 쉽게 반응한다. 큰 목표는 전두엽에 과부하를 일으켜 의지력을 빠르게 소모한다. 2분짜리 작은 행동은 전두엽에 부담을 주지 않으면서도 기저핵에 패턴을 학습시킨다. 다시 말해, 너무 작아서 절대로 실패할 수 없는 크기의 습관을 만들면 뇌는 부담을 느끼지 않는다. 그리고 작은 성공 경험이 쌓여 자연스럽게 더 큰 행동으로 확장된다.

기존 습관에 새로운 행동을 연결하기

새로운 습관을 만들 때 가장 효과적인 방법은 기존에 정착된 습관에 연결하는 것이다. 뇌는 익숙한 흐름을 따르기 때문에 기존 습관과 연결된 행동을 저항 없이 받아들인다. 뇌과학적으로 보면 기존 습관의 도파민 분비가 새로운 행동에도 연결되어 동기가 자연스럽게 이어진다. 즉, 이를 '[기존 습관] 후에 [새로운 행동]을 한다'라고 공식화할 수 있다.

습관 쌓기 공식

- [기존 습관] 후에 [새로운 행동]을 한다.

  예) 양치질을 마친 후에 영어 단어를 다섯 개 본다.

  저녁 식사 후에 오늘 배운 내용을 부모에게 말한다.

  내일 준비물을 확인한 후에 잠자리에 든다.

  학교에서 돌아온 후에 가방을 정리한다.

좋은 환경이 좋은 습관을 만든다

습관 형성에서 환경의 힘은 절대적이다. 같은 장소에서 같은 행동을 반복하면, 그 장소 자체가 행동을 유발하는 신호가 된다. 뇌과학에서는 이를 '맥락 의존 학습'이라고 한다.

아이에게 공부 습관을 만들어주고 싶다면 공부 전용 공간을 마련하는 게 좋다. 그리고 그 공간에서는 아이가 오직 공부만 하고 다른 활동은 하지 않도록 한다. 그렇게 하면 시간이 흘렀을 때 아이가 그 공간에 앉기만 해도 뇌의 학습 코드가 활성화되면서 자동으로 공부 모드로 전환된다.

이러한 현상이 일어나는 뇌과학적 메커니즘은 다음과 같다. 해마가 공간 정보를 기억하고, 편도체가 감정적 맥락을 저장하며, 기저핵이 자동 반응을 실행한다. 결과적으로 '이 공간=공부'라는 연결 고리가 뇌에 강화되어 조건반사처럼 학습 상태가 활성화된다.

사실 환경 디자인의 원칙은 간단하다. 좋은 습관을 만들고 싶다면 그 행동을 하기 쉬운 환경을 만들고, 나쁜 습관을 끊고 싶다면 그 행동을 하기 어려운 환경을 만들면 된다. 아이에게 책 읽는 습관을 길러주고 싶다면 침대 머리맡에 책을 둔다. 아이에게 복습하는 습관을 길러주고 싶다면 책상 위에 복습할 내용을 미리 펼쳐놓는다. 반대로 아이에게 휴대폰 사용을 줄이는 습관을 길러주고 싶다면 공부할 때 휴대폰을 사용하기 귀찮게 만들면 된다. 아이가 책상 의자에서 일어나 문을 열고 나가 서랍장을 열고 그 안에 있는 상자를 열어야 휴대폰을 꺼낼 수 있게 해보라. 또 휴대폰 잠금화면에 비밀번호를 설정하고 자주 사용하는 앱을 마지막 화면에 배치한다. 거기다 폴더를 생성해서 여러 번 터치해야 앱을 사용할 수 있는 작지만 여러 단계의 귀찮은 걸림돌을 만들어두는 것도 하나의 방법이다.

나쁜 습관을 180도 바꾸는 아주 작은 실천

벼락치기에서 벗어나게 해준 아주 작은 습관

중학교 2학년 선영이는 전형적으로 벼락치기 공부를 하는 학생이었다. 문제는 시험 전날까지 여러 차례 외운 내용도 시험장에서는 기억이 나지 않는다는 것이었다. 상담 후에 선영이에게 다음처럼 아주 작은 습관부터 만들게 했다.

- 매일 저녁 5분: 오늘 배운 단어 세 개를 카드에 쓰기
- 매일 아침 2분: 어제 만든 카드 보기
- 주말 10분: 일주일 치 카드 정리하기

처음에 재영이는 "고작 이것뿐이에요?"라며 의아해했지만 2주 뒤부터 변화가 나타났다. 이전의 벼락치기 방식과 달리 매일 조금씩 반복 학습을 하면서 뇌의 장기 기억으로 정보가 전환되는 시간적 여유가 생겼다. 특히 잠들기 전 학습과 아침 복습은 기억 공고화에 최적의 타이밍이었다. 점차 단어가 기억에 오래 남기 시작했다. 심지어 한 달 후에는 선영이 스스로가 시간을 늘리고 싶다고 말했다. 3개월 후 시험 기간이 되었는데 선영이는 예전보다 여유가 있었다. 모든 과목을 완벽하게 준비한 것은 아니어도 꾸준히 정리해둔 내용이 있어서 막막함보다는 '할 수 있다'는 자신감이 컸다. 선영이 어머니는 이렇게 말했다. "아이가 조금씩 변하고 있어요. 완전히 달라진 건 아니지만, 예전처럼 시험 전날 밤새우며 우는 일은 없어졌고, 무엇보다 아이 스스로 공부할 수 있다는 믿음이 생긴 것 같아요. 이제 희망이 보여요."

방학 때 무너진 루틴, 어떻게 되살릴까?

초등학교 4학년 지호는 3개월 동안 아침 독서 습관을 잘 유지했다. 그런데 겨울방학 동안 늦잠을 자면서 루틴이 완전히 무너졌다.

개학 후 다시 아침 독서를 하려 했지만 쉽지 않았다. 이때 부모는 지호를 다그치지 않고 함께 '재시작 프로젝트'를 진행했다.

- 더 작게 시작하기: 20분에서 10분으로 독서 시간 조정
- 환경 바꾸기: 침실에서 거실로 독서 장소 변경
- 함께하기: 아빠가 신문을 읽으며 독서에 동참

2주 후 지호는 다시 아침 독서를 즐기게 되었다. 그리고 한 달 후에는 스스로 시간을 15분으로 늘리겠다고 했다.

이처럼 루틴이 무너졌을 때 중요한 것은 다시 시작하는 경험이다. 뇌는 완벽한 지속보다 회복하는 경험을 할 때 더 강한 회로를 만든다. '다시 돌아오면 된다'는 경험은 뇌에 회복력과 재시작에 대한 자신감을 심어준다.

아이의 학습 및 생활 루틴, 이렇게 만들어보자

가정에서 아이의 습관을 통해 학습과 생활 루틴을 만들 때 참고하면 좋을 예시를 제시한다. 아이의 특성과 실제 일상을 고려하여 아이에게 가장 적합한 루틴을 만들어보자.

명칭	목표	시간	장소	순서	마무리 및 보상	내용
아침 학습 루틴: 상쾌한 시작	짧은 학습으로 하루 준비	매일 아침 7시 30분 아침 식사 전	거실 테이블 (교과서, 노트 만 준비)	1분(어제 내용 떠올리기), 5분(오늘 내용 미리 보기), 4분(문제제/단어 확인)	"오늘도 준비 완료"라고 선언하고 부모의 칭찬받기, 맛있는 아침 식사	짧은 시간(10분) 내 '미리 보기'로 수업에 대한 심리적 부담 완화
숙제 루틴: 스스로 이끄는 학습	자기 주도 학습능력강화	매일 저녁 식사 후 30분 뒤 (소화 시간 확보)	아이 방 책상 (휴대폰은 거실에 두기)	2분(책상 정리/도구 준비), 1분(숙제 목록 작성), 15~30분(쉬운 과제부터 수행), 2분(가방 정리, 1분(숙제 체크)	"오늘 숙제 완료" 선언 후, 부모와 오늘 어려웠던 점/잘한 점 공유	준비-계획-실행-정리-확인 단계로 학습관리 능력 향상, '쉬운 것부터' 성공 경험 제공
주말 정리 루틴: 다음주 준비	한 주 정리 및 다음 주 계획, 가족 유대 강화	매주 일요일 오후 4시	거실(가족이 함께 있는 공간)	5분(이번 주 공부 내용 이야기), 10분(다음 주 계획 세우기), 5분(학용품/교복 점검), 5분(가족 응원)	"다음 주도 잘 해보자" 다짐, 가족 간식 시간 후 영화 시청	정리, 계획, 가족과 연결에 초점 관점까지 지지를 통해 학습 동기 강화
취침 전 마무리 루틴: 하루를 편안하게 마무리	스트레스 정리 및 긍정적 마무리	매일 밤 9시 30분	아이 방(조명 어둡게 조정)	5분(기억에 남는 순간 떠올리기), 5분(내일 하고 싶은 일 생각), 10분(책 읽기/음악 듣기), 5분(부모와 대화)	"오늘 하루 고생했어, 좋은 꿈 꿔" 인사하고 포옹, 편안하고 안전한 수면	긍정적 감정으로 하루 마무리하여 수면의 질 및 다음 날 컨디션 향상

10

시작하는 힘이
모든 변화의 출발점

: 실행력의 뇌

핵심

° 실행력은 전두엽의 집행 기능과 밀접한 관련이 있다.
° 전두엽의 여러 기능이 조화롭게 작동해야 실행력이 발전한다.
° 작심삼일은 성격보다 시스템과 환경 요인의 영향이 크다.
° 실행력 향상에는 환경 설계와 재시작 전략 활용이 큰 도움을 준다.
° 부모의 실행 모델링과 긍정적 언어가 아이 실행력의 강력한 연료다.

계획은 잘 세우는데 실행은 못하는 아이도, 어른도 많다. 이런 사람들에게는 '내일부터 해야지' 하고 생각하며 당장 해야 할 일을 미루는 게 일상이다. 그런 만큼 상담 현장에서 만난 부모 중에는 아이의 실행력에 대해 걱정하는 분이 많다. 그런 자리에서 나는 묻는다. "혹시 아이가 실행을 못 하는 게 아니라, 실행할 수 있는 조건이 갖추어지지 않은 건 아닐까요?"

사람이 무언가를 실행하려면 조건이 충족되어야 한다. 아이가 공부할 때 가장 큰 벽은 공부를 시작하는 것이다. 뇌과학 연구에 따르면 실행 기능은 주로 전두엽과 관련이 있다. 전두엽은 목표 설정, 계획 수립, 충동 억제, 행동 개시 등의 핵심 역할을 한다. 이 기능들이 잘 작동하지 않으면 아이는 무엇을 해야 할지 알고 있어도 막상 시작하지 못한다. 그러므로 아이가 공부의 필요성을 아는 것 같은데도 공부를 본격적으로 하지 못하고 있다면 부모는 실행 조건에 대해 고민해보아야 한다.

전두엽의 실행 기능이
아이를 움직이게 한다

전두엽의 실행 기능은 여러 하위 기능으로 구성되며, 각각이 독립적으로 작동하면서도 서로 긴밀하게 연결되어 있다. 이 기능들이 하나라도 제대로 작동하지 않으면 아이의 학습 코드에서 실행 단계가 원활하게 이루어지지 않는다. 이 기능들이 전체적으로 조화롭게 작동하는 아이를 두고 우리는 "실행력이 좋다"라고 평가한다.

전두엽의 실행 시스템

- 작업 기억 유지: 지금 할 일을 머릿속에 유지하는 기능이다. 예를 들어, '지금 수학 숙제를 해야 한다'는 정보를 계속 활성화 상태로 유지해준다. 만약 이 기능이 약하면 아이는 금방 다른 생각에 빠지거나 할 일을 잊어버린다.
- 억제 제어: 방해되는 자극이나 충동을 억제하는 기능이다. 아이가 게임이 하고 싶고 텔레비전이 보고 싶더라도 공부에 집중할 수 있게 해준다. 이 기능이 약하면 아이는 작은 유혹에도 쉽게 흔들린다.
- 인지적 유연성 발휘: 상황에 따라 전략을 바꾸거나 새로운 접근을 시도하는 기능이다. 이 기능이 약하면 아이는 실행이 막

히는 순간 포기하거나 같은 실수를 반복할 가능성이 있다.
- 행동 개시: 실제로 행동을 시작하는 기능이다. 계획도 세우고 준비도 했지만 아이가 막상 공부를 시작하지 못하는 것은 이 기능이 약해서다.

전두엽의 실행 기능은 감정을 담당하는 편도체, 동기와 관련된 도파민 시스템과 연결되어 있다. 이는 실행력이 단지 의지력의 문제만이 아님을 의미한다.

아이가 불안하거나 스트레스를 받으면 편도체가 과활성화되어 실행 기능이 억제되고, 학습 코드의 실행 회로를 방해할 수 있다. 반대로 아이가 안정되고 긍정적인 감정 상태라면 실행 기능이 더 잘 작동하여 학습 코드가 원활하게 활성화된다. 이것이 컨디션에 따라 아이의 실행력이 달라지는 이유 중 하나다.

마찬가지로 도파민 시스템도 아이의 학습 코드에서 실행력에 큰 영향을 미친다. 도파민은 보상 예측에 반응한다. 이 때문에 아이가 어떤 행동을 했을 때 긍정적인 결과가 예상되면 동기가 강해지고, 반대로 부정적인 결과만 예상되면 동기가 약해질 수 있다.

작심삼일은
성격이 아닌 시스템 문제

많은 부모가 "우리 아이는 뭘 해도 작심삼일이에요"라고 말한다. 하지만 심리학 연구에 따르면, 작심삼일은 개인의 성격보다는 시스템의 문제일 가능성이 크다. 뇌는 계획을 세웠다고 해서 자동으로 실행되도록 설계되어 있지 않다. 아이의 학습 코드 역시 저절로 작동하지 않는다. 만약 계획만 하면 알아서 실행되는 자동 시스템이 내장되어 있다면 얼마나 좋을까 싶지만, 안타깝게도 뇌는 그렇게 작동하지 않는다. 구조와 환경이 뒷받침되지 않으면 아무리 강한 의지도 오래가지 않는다.

미국 심리학자 로이 바우마이스터Roy Baumeister를 비롯한 연구자들은 의지력이 제한된 자원이라는 가설을 제기했다. 의지력은 근육처럼 사용하면 피로해지고 휴식을 취하면 회복된다는 것이다. (다만 이 이론은 최근 재현성 논란이 있어 더 많은 연구가 필요한 상황이다.) 아이의 경우를 생각해보자. 학교에서 하루 종일 규칙을 지키고, 수업에 집중하고, 친구들과의 갈등을 조절까지 한 아이는 집에 왔을 때 의지력이 많이 소모된 상태일 가능성이 크다. 그래서 부모가 "숙제해라", "공부해라" 하고 말해도 아이가 쉽게 움직이지 않을 수 있다.

아이를 움직이게 하려면 의지력에만 의존하지 않는 시스템을 만들어야 한다. 시스템이 갖추어지면 의지력이 부족한 상황에서도 아이의 학습 코드가 작동하여 실행이 가능해진다. 이 시스템에 해당하는 '실행 환경'과 '재시작 전략'에 대해 구체적으로 알아본다.

실행력을 높이는 4대 환경

실행을 돕는 환경이란 단순히 책상을 깔끔하게 정리하는 것 이상을 의미한다. 뇌가 실행 모드로 자연스럽게 전환되고 아이의 학습 코드가 활성화되도록 하는 다층적인 환경 설계가 필요하다.

물리적 환경의 최적화

- 시각적 단서 정리: 주의를 분산시킬 수 있는 시각적 자극을 최소화한다.
- 도구의 준비성: 필요한 도구는 손이 닿는 곳에, 불필요한 것은 보이지 않는 곳에 배치한다.
- 조명과 온습도: 적절한 조명과 온습도를 유지한다.
- 소음 관리: 갑작스러운 소음은 차단하되, 개인에 따라 적당한 배경음이 도움 될 수 있다.

시간적 환경의 구조화

- 최적 시간대 활용: 아이의 생체 리듬에 맞는 시간대를 파악하고 활용한다.
- 전환 시간 확보: 아이가 다른 활동에서 공부로 전환할 때 충분

한 시간적 여유를 둔다.
- 명확한 시작과 끝: 공부를 언제 시작해서 언제 끝낼지 명확히 정한다.

사회적 환경의 조성
- 지지적 분위기: 가족 구성원 모두가 공부 시간을 존중하는 분위기를 만든다.
- 모델링: 독서 등 부모도 함께 집중하는 활동을 한다.
- 적절한 거리: 아이를 너무 간섭하지도 방치하지도 말고 부모와 서로 적절한 거리를 유지한다.

정서적 환경의 안정화
- 수용적 태도: 아이의 실수나 실패에 대해 수용적인 태도를 보인다.
- 과정 중심 피드백: 결과보다는 노력과 과정에 대해 아이에게 피드백한다.
- 안전감 제공: 어려움이 있을 때 언제든 부모에게 도움을 요청할 수 있다는 안전감을 아이에게 제공한다.

실행력은 결국 재시작력이다

모든 실행은 중단될 수 있다. 중요한 것은 다시 돌아오는 힘이다. 아이가 어제 계획을 지키지 못했다면 부모가 "오늘은 다시 해볼까?"라고 말해주자. 이렇게 하면 아이가 상황을 '다시 도전해도 되는 안전한 상황'으로 인식할 수 있다.

실행이 중단되는 것은 자연스러운 현상이다. 따라서 중단 자체를 문제 삼지 말고 어떻게 다시 시작할지에 초점을 맞춘다. 재시작에 성공한 경험은 앞으로 비슷한 상황에서 더 빨리, 더 쉽게 재시작할 수 있는 자신감을 준다.

효과적인 재시작 전략

- 실행이 중단된 원인 분석보다는 해결책을 찾는 데 집중한다. '왜 못 했지?'가 아닌 '어떻게 다시 시작할까?'가 중요하다.
- 단계적으로 재시작한다. 갑자기 원래대로 돌아가려 하지 말고, 작은 것부터 다시 시작한다.
- 새로운 접근법을 시도한다. 이전과 같은 방법이 통하지 않는다면 다른 방법을 시도한다.
- 지지 체계를 활용한다. 혼자 하기 어려우면 가족이나 친구의 도움을 받는다.
- 자신을 용서한다. 중단되었다고 자책하지 않는다.

이 전략으로 집중력을 높인 아이의 사례를 살펴본다. 민수는 계획을 세우고 며칠 하다가 포기하기를 반복하는 아이였다. 그때마다 민수의 머릿속에서는 '역시 나는 안 돼'라는 생각이 더 강해졌다. 부모도 "쟤가 또 시작이네"라는 반응을 보였다.

상담 과정에서 나는 민수와 '재시작 이력'을 함께 정리해보았다. 놀랍게도 민수는 지금까지 수십 번의 재시작을 시도했다. 이는 포기가 아니라 끈기의 증거였다. 이 사실을 짚어주어 민수의 관점을 전환시켰다. 그런 뒤 다음처럼 '재시작 프로토콜'을 만들었다. 계획을 세우고 얼마 뒤 실행을 중단하게 되면 이를 따르기로 했다.

- 감정 인정하기: "실망스럽고 짜증 날 수 있어."
- 시도 자체 인정하기: "그래도 도전한 것 자체가 대단해."
- 학습 포인트 찾기: "이번에 뭘 배웠지?"
- 조정 계획 세우기: "다음엔 어떻게 해볼까?"
- 작게 다시 시작하기: "일단 작은 것부터 해보자."

재시작 프로토콜을 적용한 지 2개월 후 민수는 놀라운 변화를 보였다. 계획을 실행하다가 중단하게 되면 재시작하는 속도가 빨라졌다. 그리고 무엇보다 자신에 대한 신뢰가 회복되었다. "저는 재시작의 달인이에요!"라는 민수의 말이 인상적이었다.

생활 속에서
실행력을 높이는 방법들

평소에 일상에서 실행력을 높이는 방법은 다양하다. 여기서는 과학적 전략, 작은 루틴 활용법, 부모 모델링 등 크게 3가지를 집중적으로 살펴본다.

실행력을 높이는 과학적 전략

첫째, 시작은 작을수록 좋다. '수학 공부를 1시간 한다'는 계획보다 '문제 다섯 개를 푼다'는 계획이 성공 확률이 훨씬 높다. 전두엽이 크고 복잡한 목표보다 작고 구체적인 목표에 더 잘 반응한다는 연구 결과가 이를 뒷받침한다.

실행의 시작을 돕는 방법
- 준비 과정을 최소화한다.
- 완벽하지 않아도 일단 시작한다.
- 책상에 앉기, 교과서 펼치기 등 아주 작은 습관을 활용한다.
- 2분 규칙을 적용한다. 새로운 습관을 2분 이내에 완료할 수 있을 정도로 작게 만든다.

둘째, 기존 습관에 새로운 행동을 연결한다. 뇌는 익숙한 흐름을 따르는 경향이 있다. 따라서 아침에 세수한 뒤 단어장 보기, 저녁 식사 후 10분 정리 등 기존 습관에 새로운 행동을 연결하는 것이 도움 된다. 이처럼 기존 습관에 새로운 행동을 연결하는 것을 '습관 쌓기'라고 한다.

습관 쌓기의 설계법
- 명확한 연결 고리를 만든다. 'A를 마친 후 즉시 B를 한다'라는 식으로 하면 된다.
- 시간적 근접성을 유지한다.
- 가능하면 같은 공간에서 이어지도록 설계한다.
- 새로운 행동의 난이도를 적절히 조절한다.

셋째, 감정을 먼저 다룬다. 실행을 가로막는 가장 큰 장애물은 감정일 수 있다. 피로, 불안, 지루함 같은 감정이 실행 기능에 영향을 줄 수 있다. 연구에 따르면, 부정적 감정(불안, 우울, 분노 등)은 편도체를 활성화하는데 이는 전전두피질의 기능을 억제할 수 있다. 반대로 긍정적 감정(기쁨, 만족, 평온 등)은 전전두피질의 기능을 향상시킬 수 있다.

아이가 학습을 회피할 때는 무엇보다 감정 상태 파악부터 해야 한다. 부정적 감정 문제가 해결되면 실행력도 함께 회복되는 경우가 많다.

감정 기반의 실행 전략

- 실행 전에 현재 감정 상태를 간단히 점검한다.
- 부정적 감정의 존재가 자연스러운 것임을 받아들인다.
- 감정에 구체적으로 이름을 붙인다.
- 완벽한 기분이 될 때까지 기다리지 않고, 현재 감정 상태를 인정하면서 시작한다.

실행력을 높이는 작은 루틴 활용법

첫째, 작업 시작을 선언한다. 아이가 "지금부터 시작할게!"라고 말로 선언하게 한다. 말하는 행위는 뇌의 여러 영역을 활성화한다. 특히 다른 사람에게 선언하면 사회적 약속의 성격을 띠게 되어 실행 동기가 높아질 수 있다.

선언의 효과를 높이는 방법

- "수학 문제 다섯 개를 풀겠습니다"라는 식으로 선언을 구체적으로 한다.
- "30분 동안 집중하겠습니다"라는 식으로 시간을 명시한다.
- 가족에게 알린다.
- 선언 내용을 간단히 적어둔다.

둘째, 타이머를 활용한다. 처음에는 타이머를 5분 정도로 짧게 설정하는 것만으로도 부담감을 크게 줄일 수 있다.

타이머 활용 전략

- '5분→10분→15분' 식으로 시간을 점차 늘린다.
- '25분 집중+5분 휴식' → '25분 집중+5분 휴식' 식으로 집중과 휴식을 반복한다.
- 시각적 타이머를 사용한다.
- 완료했을 때 작은 성취감을 표현한다.

셋째, 시작을 준비하는 루틴을 만든다. 공부를 시작하기 전에 책상 정리, 필요한 도구 준비, 배경 음악 켜기 등 시작에 필요한 환경을 준비한다. 이런 준비 자체가 뇌에 '곧 중요한 활동이 시작된다'는 신호가 된다.

효과적인 준비 루틴 설계

- 일관된 순서로 준비한다.
- 3~5분 정도로 적당한 길이를 유지한다.
- 스트레칭 등 몸을 움직이는 활동도 포함한다.
- 다양한 감각을 활용한다.

실행력을 높이는 부모 모델링

아이의 실행력은 부모의 실행력과 관련이 있다. 부모가 계획한 것을 실행하는 모습, 어려움이 있어도 포기하지 않는 모습, 실패 후 다시 시작하는 모습을 보여주면 아이는 이를 자연스럽게 관찰하고 학습한다. 그래서 부모는 자신의 실행 과정을 아이와 공유하는 것이 좋다. "아빠도 운동하기 싫지만 그래도 해보려고 해" 하고 솔직히 이야기하는 것도 좋다.

부모의 실패 경험을 숨기지 말고 솔직하게 나누는 것도 중요하다. "엄마도 영어 공부를 작심삼일로 끝낸 적이 많아. 하지만 포기하지 않고 다시 시작했더니 조금씩 늘더라"와 같은 경험담은 아이에게 실패가 끝이 아니라 새로운 시작의 기회임을 알려준다.

무엇보다 아이와의 대화에서는 결과보다 과정에 초점을 맞추어야 한다. "오늘 뭐가 어려웠어?", "어떤 부분이 재미있었어?", "내일은 어떻게 해볼까?" 등의 질문을 받으면 아이는 자신의 실행 과정을 돌아보고 개선점을 스스로 찾게 된다.

부모의 언어는 실행력에 큰 영향을 줄 수 있다. 긍정적 언어는 뇌의 보상 회로를 활성화하고, 이는 다음 실행에 대한 동기를 높인다. 반면 부정적 언어는 아이를 방어 모드로 전환시켜 실행보다는 회피를 선택하게 만든다.

실행을 돕는 부모의 말

- "지금 시작한 것만으로도 절반은 온 거야."
- "이건 네가 끝까지 했다는 걸 보여주는 증거야."
- "지금 하기 싫을 수 있어. 그런데 시작한 너는 대단해."
- "다 못 해도 괜찮아. 시작했잖아. 그게 가장 중요해."

이런 말을 할 때 중요한 것은 타이밍이다. 부모는 아이가 시작하는 그 순간을 놓치지 않고 바로 인정해주도록 한다. 결과가 나올 때까지 기다리지 말고, 아이가 첫발을 내딛는 바로 그 순간에 격려의 말을 건네야 효과가 있다.

뇌 안에 잠든
학습 코드를 깨워라

2장

뇌과학으로 새롭게 그리는 공부 지도

11

잘 자고, 잘 먹고, 잘 뛰노는 아이가 공부도 잘한다

핵심

- 공부법보다 뇌의 기본 컨디션이 학습 효과를 좌우한다.
- 수면은 기억을 장기화하고 뇌의 노폐물을 제거하는 필수 과정이다.
- 운동은 뇌유래신경성장인자를 분비시켜 뇌를 학습 최적 상태로 만든다.
- 장은 '제2의 뇌'로 불리며 뇌 기능에 직접 영향을 미친다.
- 몸과 마음은 하나로 연결된 통합체다.

'뇌를 효율적으로 써서 공부 잘하는 방법을 알려주는 책에서 갑자기 잠자고 운동하고 먹는 이야기를 왜 하지?'

아마 이번 꼭지의 제목을 본 독자는 이렇게 생각했을 것이다. 이런 반응은 당연하다. 학습법이나 공부 비법을 기대하고 있었는데 갑자기 생활 습관 이야기를 하겠다니 황당할 수 있겠다. 하지만 잠깐, 생각해보자.

공부는 누가 하는가? 뇌가 한다. 그럼 뇌는 무엇으로 만들어져 있는가? 우리가 먹은 음식이다. 뇌는 언제 가장 잘 작동하는가? 충분히 쉬고 적절히 움직인 다음이다. 뇌는 무엇을 싫어하는가? 독성 물질과 스트레스다. 결국 아무리 좋은 학습법도 뇌의 컨디션이 받쳐주지 않으면 무용지물이고 아이의 학습 코드도 제대로 작동할 수 없다. 마치 좋은 운전 기술을 배워도 자동차에 기름이 없거나 엔진이 고장 나면 소용없는 것과 같다.

상담실에서 만난 고등학교 1학년 지민이는 이런 하소연을 했다. "선생님, 저는 정말 열심히 하는데 성적이 안 나와요. 새벽 2시까지 공부하고, 점심시간에도 문제집 풀고, 주말에도 학원 가는데….

친구들은 저보다 덜 하는 것 같은데 성적이 더 좋아서 너무 억울해요." 나는 지민이에게 물었다. "그럼 지민아, 어제 몇 시간 잤어?" "5시간요." "언제 마지막으로 운동했지?" "음… 일주일 전 체육 시간에요." "아침은 뭘 먹었어?" "편의점에서 산 삼각김밥이요."

지민이의 문제는 뇌의 기본 조건에 있었다. 만성적인 수면 부족, 운동 부족, 불규칙한 식사가 뇌의 학습 능력을 현저히 떨어뜨리고 말았다.

공부를 잘한다는 것은 그저 한 사람의 능력에 관한 이야기가 아니다. 성적이나 공부 결과는 그 사람의 진짜 모습 중 극히 일부만 보여주는 표면적인 지표일 뿐이다. 마치 빙산처럼 그 아래에는 거대한 몸체가 숨어 있다. 성적이 잘 나오지 않는 현상 아래에는 인지, 관계, 환경, 행동, 기질, 정서 등 한 사람이 가진 개인적·문화적·환경적 요인이 복합적으로 작용하여 나타나는 결과가 자리하고 있다.

공부를 잘하기 위해 인지적인 것에만 집중한다면 정말 많은 것을 놓치게 된다. 좋은 결과를 볼 수도 없고 변화도 없다. 공부를 잘하려면 뇌가 작동하는 방식에 맞게 공부하고 또 뇌가 잘 작동하는 삶을 살아야 한다. 이것이 바로 아이의 학습 코드를 최적화하는 방법이다. 특히 수면, 운동, 음식은 뇌와 떼어놓고 생각할 수 없는 요소다.

나는 상담 중 부모에게 이런 질문을 자주 한다. "아이가 어제 얼마나 잤나요? 오늘 몸을 몇 시간이나 움직였지요? 그리고 언제 뭘 먹었나요?" 그런데 질문을 받고선 당황하는 부모가 많다. 공부와 수면, 운동, 식사가 무슨 상관이냐고 묻기도 한다. 하지만 뇌과학은 명확하게 말한다. 공부는 뇌가 하는 일이며, 뇌의 컨디션은 수면, 운동, 음식으로 결정된다고 말이다. 아무리 좋은 학습법도 뇌의 기본 조건이 갖추어지지 않으면 아이의 학습 코드가 제대로 활성화되지 않는다.

수면, 뇌가 스스로 정비하는 마법 같은 시간

수면은 단순한 휴식이 아니다. 뇌가 하루 동안 쌓인 노폐물을 제거하고, 기억을 정리하며, 새로운 신경 연결을 강화하는 적극적인 활동 시간이다.

깨어 있는 동안에 배운 내용은 잠을 자면서 장기 기억으로 전환되는데, 이 과정을 '기억 공고화'라고 한다. 관련 연구에 따르면, 새로운 정보를 학습한 뒤 충분히 잠을 잔 아이는 그렇지 않은 아이보다 기억 성능이 40퍼센트 이상 향상되었다.

수면이 부족하면 뇌의 여러 영역에 부정적인 영향을 미친다. 17~19시간 깨어 있으면 혈중알코올농도 0.05퍼센트와 같은 수준의 인지 기능 저하가 나타난다. 이런 상태에서 아이가 공부하는 것은 고문을 받는 것과 다름없다.

운동을 시작하는 순간, 뇌가 깨어난다

"선생님, 운동하면 공부할 시간이 없어져요." 고등학교 2학년 현수가 한 말이다. 현수는 아침 6시부터 밤 12시까지 18시간을 책상에 앉아 있었다. 그런데 이상하게도 성적은 제자리걸음이었다.

"현수야, 그럼 지금까지 18시간씩 앉아서 공부한 게 효과가 있었어?" "음, 별로요." "그럼 한번 다르게 해볼까? 매일 30분씩 운동하고 나머지 17시간 30분을 공부하는 거지."

현수는 반신반의했지만 3주간 실험을 해보기로 했다. 결과는 놀라웠다. 운동을 시작한 첫 주부터 집중력이 눈에 띄게 향상되었고, 같은 시간 공부해도 이해도가 훨씬 높아졌다. 운동이 현수의 학습 코드를 최적화시킨 것이다.

이렇듯 뇌는 운동할 때 가장 활발해진다. 왜일까? 진화신경생물학적으로 뇌는 달리고 뛰고 움직이면서 정보를 입력하고 처리하며 판단하고 결정하고 실행하기 위해 신체의 다양한 시스템을 통제하는 사령부로 진화된 기관이기 때문이다.

하버드대학교 의과대학의 존 레이티John Ratey 교수는 저서 『운동화 신은 뇌』에서 "뇌는 움직이는 몸을 관리하기 위해 만들어졌다"라고 주장한다. 바닷속 멍게는 움직일 필요가 없어지자 자기 뇌를 소화해버렸다. 이와 같은 사실은 움직임과 뇌의 관계를 극명하게 보여준다. 또한 『운동화 신은 뇌』의 공저자인 과학 저널리스트 에릭 헤이거먼Eric Hagerman은 인간의 뇌가 수백만 년 동안 달리고 걷는 활동을 통해 발달해왔다고 설명한다. 우리 조상은 하루에 10~20킬로미터를 걸으며 먹이를 찾고, 때로는 수십 킬로미터를 달려 사냥했다. 이 과정에서 복잡한 지형을 파악하고, 동료와 소통하며, 순간적인 판단을 내리는 능력이 발달했다.

이처럼 뇌는 애초에 움직일 때 최적의 성능을 발휘하도록 설계되었다. 따라서 현대 사회에서 운동은 신체 단련이자 뇌의 본래 기능을 회복시키고 학습 코드를 활성화하는 활동이다.

운동이 학업 성취에 미치는 놀라운 효과

규칙적으로 운동하는 학생은 그렇지 않은 학생보다 학업 성취도가 평균 15퍼센트 높다는 연구 결과가 있다. ADHD를 앓는 청소년의 경우, 운동이 약물 치료만큼 효과적이라는 연구 결과도 있다.

운동은 학업 성취에 어떻게 작용할까? 운동을 하면 뇌에서 뇌유래신경영양인자BDNF라는 신경 세포의 성장과 새로운 연결을 촉진하는 뇌의 성장 호르몬이 분비된다. 그래서 운동을 한 뒤 2시간 동안은 집중력과 기억력이 향상된다. 노스이스턴대학교의 심리학과 및 재활과학과 교수인 찰스 힐만Charles Hillman는 30분간 러닝머신 운동을 한 학생들이 문제 해결 능력에서 10퍼센트가 향상된 결과를 보였다고 밝혔다.

실제 교육 현장에서 운동과 학습을 연결한 성공 사례가 있다. 미국 일리노이주 네이퍼빌센트럴고등학교에서 진행한 '0교시 체육Zero Hour Physical Education' 프로그램이다. 이 프로그램은 학군 전체로 확대되어 약 1만 9천 명의 학생에게 적용되었다. 기존의 체육 수업과 달리, 이 프로그램은 정규 수업이 시작되기 전 아침 시간에 학생들이 러닝머신이나 자전거 등의 운동 기구를 이용해 개인의 체력 수준에 맞추어 운동하도록 했다. 그리고 자신의 이전 기록을 개선해나가게 했다.

그 결과는 놀라웠다. 이 학교 8학년 학생들은 국제학업성취도평가의 과학 영역에서 세계 1위였던 싱가포르를 제치고 1위를 차지했고, 수학 영역에서도 세계 6위를 기록했다. 그리고 이 학교의 97퍼센트의 학생이 전국 최상위 7퍼센트에 진입하는 쾌거를 이루었다. 또한 독서 점수는 거의 2배 상승했고, 수학 점수는 무려 20배나 향상되었다. 학생 1인당 교육 예산이 다른 학교보다 적었음에도 이런 성과를 거두었다.

이 놀라운 결과에 대해 레이티 교수는 "운동이 뇌를 학습에 최적화된 상태로 만들어준다"라고 설명했다. 네이퍼빌센트럴고등학교에서 진행한 프로그램의 성공은 결코 우연이 아니다. 운동과 학습의 시너지 효과를 보여주는 실증적 증거다. 그뿐만 아니라 우리 교육 현장에도 적용할 수 있는 구체적인 모델이 되어준다.

꾸준한 운동의 비결은 '함께'에 있다

여러 부모와 학생이 운동을 공부 시간을 빼앗는 것으로 인식한다. 하지만 알고 보면 오히려 운동은 시간을 벌어준다. 운동으로 집중력이 높아지면 같은 시간에 더 많은 것을 학습할 수 있고, 더 오래 집중할 수 있으니 말이다.

아이가 운동할 때 친구와 함께하면 동기 부여에 도움이 될 수 있다. 사회적 상호작용은 운동 지속에 긍정적 영향을 미치는 것으로 알려져 있다. 함께 운동하거나 서로 격려하면 뇌에서는 사회적 유대감과 관련된 신경전달물질들이 분비되어 운동에 대한 긍정적 경험을 강화한다.

나는 대학에서 강의할 때 원하는 학생에 한해서 한 학기 동안 운동하는 그룹을 만들어준다. "혼자 운동하기 어려워서요"라며 참여를 원하던 학생들은 며칠 지나면 톡방에서 자연스럽게 소통하기 시작한다. 이들이 실제로 함께 모여서 운동하는 것은 아니다. 각자가 개인 일정에 맞춰 운동하되, 톡방에 인증샷을 공유하며 서로 격려하는 방식이다.

참가자는 학기 내내 이 톡방에서 활발하게 소통한다. 혼자서라면 금방 시들해졌을 운동 결심이 한 한기 동안 이어지는 마법이 벌어진다. 톡방에는 그날 달린 거리를 표시한 앱 화면이나 헬스장에 가려고 신발을 신은 사진, 러닝머신 종료 시각 사진 등 다양한 인증샷이 매일 올라온다. 이어서 격려와 응원, 지지, 감탄의 반응이 톡방을 가득 채운다. 이처럼 혼자서는 포기하기 쉬운 운동도 응원하고 격려해주는 사람들이 있으면 꾸준히 할 수 있다.

공부하는 아이를 위한
시간별·학습 목적별 운동법

아이에게 적합한 운동을 찾을 때 막상 선택의 폭이 너무 넓어서 막막할 수 있다. 언제, 어떻게 운동하면 좋을지 구체적으로 살펴본다.

시간별 운동법

- 공부방에서 하는 3분 운동: 책상에 앉은 채로도 간단한 운동을

할 수 있다. 어깨를 크게 돌리고, 목을 좌우로 천천히 돌리고, 허리를 좌우로 비튼다. 그다음은 일어나서 30초간 발끝으로 서기, 30초간 무릎 올리기, 30초간 팔 벌려 뛰기를 한다.

- 공부 전 30분 골든타임 활용: 아침 공부를 시작하기 30분 전 혹은 저녁 공부를 시작하기 30분 전에 15~20분간 가벼운 유산소 운동을 한다. 집 주변을 빠르게 걷거나, 제자리에서 가볍게 뛰기, 줄넘기, 계단 오르내리기 등이 좋다.

- 공부 중간에 10분 움직이기: 30분이나 1시간마다 10분씩 몸을 움직인다. 공부방에서 나와 복도를 걷거나, 스트레칭을 하거나, 간단한 맨몸운동을 하면 된다. 이때 중요한 것은 핸드폰을 보거나 눕지 않는 것이다. 몸을 움직이는 데만 집중하자.

- 틈새 운동: 시간이 정말 없다고 해도 틈새 시간을 활용해 할 수 있는 운동이 있다. 엘리베이터 대신 계단을 이용하기, 양치할 때 제자리에서 발끝으로 서기와 발뒤꿈치로 서기를 이어서 하기, 화장실 다녀오는 길에 스트레칭하기, 컵라면을 끓이는 3분 동안 맨몸운동 하기 등 가볍게 운동을 해본다.

학습 목적별 운동법

- 집중력을 높이고 싶을 때: 공부하기 전에는 15~20분간 빠르게 걷거나 가볍게 뛰는 유산소 운동이 효과적이다. 심박수가 올라갈 정도의 강도로 하는 것이 핵심이다. 심박수가 조금만 올라

가더라도 충분히 운동 효과가 있다.
- 기억력을 강화하고 싶을 때: 영어 단어나 역사 연표, 화학 공식 등을 외울 때 방 안에서 천천히 걸어 다니면서 중얼중얼 읽어 보자. 이처럼 걸으면서 외우면 앉아서 외울 때보다 훨씬 잘 기억된다.
- 창의적 사고가 필요한 문제를 풀 때: 어려운 수학 문제나 논술 주제를 머릿속에 담고 10~15분간 산책을 해보자. 신기하게도 걷다 보면 갑자기 해답이 떠오르는 경우가 많다.

'두 번째 뇌' 장을 관리하라

"선생님, 저는 친구랑 똑같이 먹는데 왜 저만 살이 찔까요?" 고등학교 1학년 서연이가 내게 물었다. 서연이는 같은 반 친구 지은이와 항상 밥도 함께 먹고 같은 간식을 나누어 먹는데 서연이만 살이 쪘다. 그런데 이상하게도 살이 찌면서부터 집중력이 떨어지고 자꾸 우울해졌다.

최근 장 내 미생물 연구에서 밝혀진 놀라운 사실이 있다. 우리 장 속에는 100조 개가 넘는 미생물이 사는데 이들을 통틀어 '마이크로바이옴'이라고 한다. 마이크로바이옴의 구성은 개인마다 다르며,

이로 인해 같은 음식을 먹어도 체중 증가나 신진대사에 차이가 나타날 수 있다. 그리고 일부 연구에서는 음식에서 더 많은 칼로리를 추출하는 특정 미생물이 보고되었다. 이보다 더 놀라운 사실은 마이크로바이옴이 뇌 기능에까지 직접적인 영향을 미친다는 점이다.

신경과학계에서는 장을 '제2의 뇌'라고 부른다. 장에는 약 1억 개의 신경 세포가 있는데, 이는 척수나 말초신경계보다도 많은 수치다. 특히 장과 뇌 사이의 소통 방식이 흥미롭다. 뇌에서 장으로 가는 신경 신호보다 장에서 뇌로 가는 신경 신호가 10배나 많다.

컬럼비아대학교 병리학과 마이클 거슨Michael Gershon 교수는 "장신경계가 뇌와 독립적으로 작동할 수 있다"라고 주장한다. 실제로 장은 음식을 소화하고, 영양분을 흡수하며, 면역 반응을 조절하는 복잡한 일들을 뇌의 명령 없이도 수행한다.

최근 여러 연구가 마이크로바이옴이 우리의 기분, 학습 능력, 심지어 지능에까지 영향을 미친다는 사실을 밝혀냈다. UCLA 의과대학의 에머란 메이어Emeran Mayer 교수 연구팀은 마이크로바이옴의 구성에 따라 뇌의 구조와 기능이 달라진다는 사실을 MRI 영상을 통해 입증했다. 그리고 기억과 학습을 담당하는 해마 영역의 크기가 마이크로바이옴의 다양성과 밀접한 관련이 있다는 것도 발견했다.

코크대학교 신경과학과 존 크라이언John Cryan 교수는 특정 유산균이 불안을 줄이고 학습 능력을 향상시킨다는 연구 결과를 발표했다. 실제로 장내 미생물이 건강한 실험 쥐들이 미로 찾기 테스트에서 더 우수한 성과를 보였다.

이러한 연구들은 장 건강이 소화 기능을 넘어서 뇌 기능과 학습 능력에도 영향을 미칠 수 있음을 시사한다. 서연이의 사례처럼 체중 변화와 함께 나타나는 집중력 저하나 기분 변화도 이러한 장-뇌 연결의 맥락에서 이해할 수 있다.

뇌에 독이 되지 않는 음식을 선택하라

그렇다면 아이의 뇌를 건강하게 하는 음식은 무엇일까? 몸에 좋은 특별한 음식을 찾기보다는 독이 되지 않는 음식을 선택하는 것이 더 중요하다.

혈당 쇼크가 뇌를 공격한다

장 관리와 더불어 부모가 신경 써야 할 사항이 더 있다. 바로 혈당 쇼크다. 음료수, 과자, 빵을 먹으면 혈당이 급격히 상승했다가 곤두박질치는데, 이는 아이의 학습 코드 작동에 심각한 지장을 초래한다. 이때 뇌에서는 무슨 일이 일어날까?

혈당이 급상승하면 췌장에서 인슐린이 대량으로 분비되어 혈당을 급격히 떨어뜨린다. 이 과정에서 뇌는 극심한 스트레스를 받는다. 혈당이 떨어지면 뇌는 위기 상황으로 판단하고 스트레스 호르몬인 코르티솔과 아드레날린을 분비한다. 하버드대학교 의과대학 연구팀이 발표한 자료에 따르면, 설탕 섭취 후 혈당이 급변하는 아이들을 관찰했더니 공격성은 200퍼센트 증가하고, 집중력은 40퍼센트 감소했다. 또한 혈당이 떨어지는 시점에 아이들은 극도의 무기력감과 졸음을 경험했다.

혈당과 관련해 주목해야 할 점은 아이들이 흔히 마시는 탄산음료 한 캔에 들어 있는 설탕의 양이다. 콜라 355밀리리터 한 캔에는 무려 각설탕 10개 분량인 39그램의 설탕이 들어 있다. 세계보건기구가 권장하는 하루 설탕 섭취량의 1.5배에 해당하는 양이다.

아이가 공부에 집중하지 못하고 짜증을 자주 낸다면 부모는 먹거리를 점검해볼 필요가 있다. 혈당을 안정적으로 유지하는 것이야말로 뇌가 제대로 작동할 수 있는 기본 조건이다.

식물첨가물이 뇌의 신경전달물질을 교란한다

뇌에 독이 되는 가장 대표적인 것이 바로 가공식품에 들어 있는 식품첨가물이다. 인공 색소, 방부제, 감미료 등은 뇌의 신경전달물질 체계를 교란한다.

사우샘프턴대학교에서 진행한 대규모 연구는 인공 색소와 벤조산나트륨(방부제)이 아이들에게 주의력 결핍과 과잉 행동을 유발한다는 사실을 밝혀냈다. 이 연구 결과를 바탕으로 유럽연합은 특정 인공 색소에 대한 경고 라벨의 부착을 의무화했다.

그리고 MSG(글루탐산나트륨)는 뇌혈관 장벽을 통과해 뇌세포를 직접 자극한다. 워싱턴대학교 연구진은 MSG를 섭취한 아이들이 학습 능력 테스트에서 25퍼센트 낮은 점수를 기록했다고 보고했다.

몸과 마음은 하나, 건강이 우선인 까닭

앞서 소개한 서연이 이야기로 돌아가보자. 집중력이 저하되고 우울감을 느끼던 서연이는 상담을 통해 장 건강을 위한 새로운 식습관을 시작했다.

- 가공식품을 줄이고 자연 그대로의 음식을 늘렸다.
- 발효식품인 김치, 요구르트, 된장 등을 매일 조금씩 먹었다.
- 다양한 종류의 채소와 과일을 섭취해 장내 미생물의 다양성을 높였다.

3주 후 서연이는 놀라운 변화를 경험했다. 살이 빠지기 시작했을 뿐만 아니라 집중력도 훨씬 향상되었고, 우울했던 기분도 많이 개선되었다. "선생님, 정말 신기해요. 음식만 바꿨는데 머리도 맑아지고 기분도 좋아졌어요."

이 사례를 통해 다시 한번 우리 몸은 하나로 연결되어 있고 여러 기관이 긴밀하게 상호 작용한다는 사실을 확인할 수 있었다.

학습은 뇌의 입장에서 보면 엄청난 에너지를 소모하는 고차원적인 인지 활동이자 정밀한 작업이다. 새로운 정보를 받아들이고, 기존 지식과 연결하며, 기억으로 저장하고, 필요할 때 꺼내어 사용하는 과정이 뇌의 복잡한 네트워크를 거쳐 일어나는데, 모든 것이 아이의 학습 코드를 구성한다. 그리고 이 놀라운 작업을 위해서 온몸이 함께 작동한다. 심장은 뇌에 충분한 혈액을 공급하고, 폐는 산소를 제공하며, 소화 기관은 포도당과 각종 영양소를 전달한다. 마이크로바이옴은 뇌에 필요한 신경전달물질을 만들어내고, 간은 독소를 제거하여 뇌를 보호한다. 근육은 움직임을 통해 뇌를 활성화하는 신호를 보낸다.

이 전체 과정이 조화롭게 작동할 때 비로소 학습 코드가 최적화되어 아이는 제대로 학습할 수 있다. 어느 하나라도 제 기능을 하지 못하면 학습 능력은 떨어질 수밖에 없다. 그러므로 공부를 잘하려면 몸과 마음부터 돌보아야 한다. 이는 과학이 알려주는 엄연한 사실이다.

12

"도대체 공부는
왜 해야 해요?"

핵심

- 어른에게 공부 이유를 묻는 아이는 반항하는 것이 아니라 도움을 요청하는 것이다.
- 나름대로 노력했지만 변화 없는 아이는 속상하고 외롭다.
- 아이조차 자신의 노력과 진심을 몰라보고 자책하기 쉽다.
- 진심을 알아주면 아이는 힘을 얻고 스스로 변화하기 시작한다.

"공부를 도대체 왜 해야 하나요?" 아이에게 이 질문을 들으면 부모는 당황하고 혈압이 오르며 답답함을 느낀다. "왜 해야 하기는, 학생이 공부 안 하면 뭐 할 건데?"와 같은 원천 봉쇄형 답변부터, "엄마 아빠 때는 제대로 된 책상도 없이 공부했다"라는 개발도상국형 답변, "공부를 안 하면 대학 가기 힘들고 인생이 힘들어진다"라는 논리적 겁 주기형 답변, "힘들어서 어떡하니…" 하는 안절부절형 답변, "너 좋으라고 하는 거지 나 좋으라고 하는 거야? 하지 마!"와 같은 협박형 답변까지 다양한 반응을 보인다. 안타깝게도 이러한 방식으로는 아이에게 부모의 의도가 전달되지 않는다. 오히려 대화의 단절과 마음의 벽을 쌓는 부작용을 초래한다.

그런데 아이들은 왜 같은 질문을 할까? 그 질문에 담긴 진심은 무엇일까? 수많은 아이와 상담하면서 알게 된 진심을 전해보면 이렇다.

"나도 공부해야 하는 거 알아요. 내가 공부하면 엄마 아빠가 표정부터 밝아지고 좋아하시는 거 나도 알아요. 나도 공부 잘하고 싶어요. 그래서 나름대로 해봤어요. 학교 선생님 설명도 잘 들어보고,

학원도 다니고, 옆에 친구가 하는 걸 따라도 해보고, 숙제도 열심히 해보고. 그런데 내가 생각하는 대로 잘 안 돼요. 내가 할 수 있는 건 이것저것 해보면서 노력했는데 변화가 없어요. 그래서 속상하고 짜증 나요. 어떻게 해야 하는지 모르겠어요. 도와주세요. 힘들어요. 그리고 이런 내 마음을 아무도 몰라주는 것 같아서 외로워요."

그렇다. 아이가 "공부를 도대체 왜 해야 하는 거예요?" 하고 묻는 건 도움을 요청하는 것이다. 그런데 어른은 그 신호를 잘 알아차리지 못한다.

눈을 감고 학창 시절로 돌아가 교실에 앉아 있는 내 모습을 한번 떠올려보자. 도통 이해가 안 되는 어려운 개념을 수업 시간에 이해하려고 애쓰던 순간이 있었을 것이다. 다른 친구들과 달리 나만 따라가지 못하는 듯할 때 낭패감, 당혹감, 막막함을 느끼기 마련이다. 나에 대한 책망과 비난은 덤이다. 그럴 때면 그냥 포기하고 싶은 것이 자연스러운 감정이다. 어떻게든 끝까지 이해해보려는 것은 참으로 대견한 행동이다. 그런데 이런 노력을 알아주는 사람이 없다.

공부가 싫었던
명문대생의 속 이야기

소위 말하는 최고의 명문대에 재학 중인

대학원생 H를 상담할 때였다. H는 겉으로는 걱정거리가 전혀 없어 보이는 능력 있고 앞길이 창창한 청년이었다. 그가 상담실에 찾아 온 이유는 대학원 필수 교양 수업을 자꾸 통과하지 못하고, 대학원 에서 하는 중요한 발표나 교수님과의 연구 미팅에서 자료 준비를 미 루고 미루다가 전날 밤을 새우면서 벼락치기를 하는 지연 행동 때문 이었다. 그동안은 능력과 임기응변으로 어떻게든 버텼지만, 대학원 학기가 올라가면서 체력적으로나 연구 깊이로나 한계에 도달했다. 결국 스트레스로 잠을 잘 이루지 못하고 밤에 폭식하게 되자 건강에 도 문제가 생겨 대학원을 그만두어야 하나 고민하다가 상담실을 찾 았다.

무엇이 문제인지 여러 가지로 원인을 찾아보던 중, H에게는 아 주 뛰어난 누나가 있다는 것을 알게 되었다. 나이 차이가 꽤 나는 누나는 H가 초등학교 저학년일 때 국내 최고 대학교의 법대에 우수 한 성적으로 입학했다. H는 어려서 누나의 합격이 어떤 의미인지 몰랐다. 그런데 중학생이 되고 고등학생이 되면서 누나가 얼마나 공부를 잘했던 것인지 알게 되었다.

지방의 작은 도시에서 학창 시절을 보낸 H는 학교 선생님, 학원 선생님에게 '누구의 동생'으로 더 유명했다. H의 성적도 우수했지만 누나와 비교하면 늘 한참 부족했다.

H는 자신은 게으르고, 누군가가 다그치지 않으면 공부하지 않 는 수동적인 사람일뿐더러 머리까지 나쁘다고 했다. 책상에 앉아서

공부는 하지 않고 끊임없이 딴짓하는 자신이 너무 싫다고 털어놓았다. 그렇게 생각하게 된 계기를 묻자, 어렸을 때부터 자기는 누나와 달랐다면서 유치원 시절 기억을 꺼냈다.

알아서 척척 공부하는 누나와 달리 H는 어릴 적 유치원에서 내준 영어 숙제가 하기 싫어서 몇 시간이고 책상에 앉아서 딴짓을 했다. 지금도 대학원에서 연구 미팅 자료를 준비할 때, 빨리빨리 하면 될 텐데도 책상에 앉아 몇 시간씩 꾸물댔다. 그렇게 책상에 앉아서 바보처럼 있다가 자정이 넘어서 집에 가고 다시 또 아침이면 연구실에 나오는 자신이 너무 한심하고 무능하게 여겨졌다.

키도 크고 인물도 훤칠한 H가 어깨를 웅크리고 구부정하게 앉아서 탁자에 코를 박고 있는 모습을 물끄러미 바라보면서 나는 이렇게 말했다.

"제 눈에는 영어 숙제가 하기 싫은데도 자리를 박차고 나가지 않고 숙제를 해보려고 책상에서 몇 시간을 애쓰는 유치원생이 보입니다. 그랬던 아이가 대학원생이 되어서 지금도 잘 풀리지 않는 문제를 풀어보려고 자정까지 노력하고 있네요. 문제가 잘 풀릴 때 몇 시간씩 공부하는 것보다, 잘 안 풀리고 하기 싫을 때 책상에 앉아 있는 것이 훨씬 더 힘들죠. H는 정말 대단히 노력하는 사람이네요."

그러자 H는 그 큰 어깨를 들썩이며 한참을 울었다. 중학교 이후 철들고 누군가 앞에서 울어본 것이 처음이라고 했다.

H는 그날 이후 조금씩 변했다. 자신에 대한 비난을 거두고, 자

신의 잘하고 싶은 진심과 노력에 주의를 돌렸다. 그런 에너지를 동력으로 삼아 비합리적이었던 자신에 관한 생각을 바꾸고 막연했던 실패에 대한 두려움을 구체화했다. 그리고 실행 가능한 목표를 정한 뒤 목표를 다시 작은 단계로 나누었다. 각 단계에 맞는 행동을 계획하고, 일상생활을 설계해서 하나씩 실천하기 시작했다. 그 과정에서 H의 학습 코드도 점차 최적화되었다. 결과적으로 H는 체중을 10킬로그램 줄였고, 수면제를 끊을 수 있었으며, 연구실에서 교수님과 새로운 프로젝트를 시작하여 그동안의 연구 성과를 모아 논문을 출간했다.

성적표 너머, 아이의 노력과 진심을 보라

부모는 너무 쉽게 겉으로 보이는 아이의 행동과 결과만 주목한다. 아이가 공부하려고 책상에 앉아 있었던 시간, 풀리지 않는 문제를 풀어보려던 시도, 수많은 시행착오의 흔적이나 애쓰는 순간은 잘 보지 못한다.

부모는 대체로 시험 점수가 얼마나 나왔는지, 숙제를 다 했는지 혹은 얼마나 빨리했는지, 학습 레벨은 어떤지에만 관심이 있다. 이 같은 부모를 따라 아이도 자신이 기울인 노력, 애쓴 시간, 공부해보고자 먹었던 그 마음이 아니라 결과를 본다. 그러면서 아이 스스로도 자신의 진심을 몰라준다. 나도 무엇인가를 한 것 같은데, 노력한 것 같은데, 아무것도 안 한 것 같고 잘못한 것만 같다. 이렇게 서서히 자신의 학습 코드에 대한 신뢰를 잃어버린다. 해도 해도 부족한 것 같고 원하는 결과는 얻지 못한다. 그래서 억울하고 뭔가 서운하다. 왜 그런지 정확하게 모르겠지만 뭔가 답답하다.

아무도 내 마음을 몰라주는데 열심히 해보고 싶은 생각이 들까? 잘 풀리지 않는 문제를 끝까지 풀어보고 싶은 마음이 생길까? 그러면 어떻게 해야 할까? 부모가 아이조차 잊고 있었던 무엇인가를 해보려고 먹었던 귀한 마음, 노력했던 그 진심을 알아주면 신기하게도 힘이 난다. 해보고 싶어진다. 그러면 변화는 저절로 시작된다. 그저 알아주는 것만으로도 많은 것이 시작된다.

진심을 알아주면 다 큰 장정도 눈물을 흘리고, 절대 변할 것 같지 않던 행동도 바뀌기 시작한다. 누군가 내 진심을 알아주는 것은 내게 이 일을 할 힘이 있음을 알려주는 것이기 때문이다.

뇌 안에 잠든
학습 코드를 깨워라

13

원래
공부를 못하는
아이는 없다

핵심

- 선행 학습은 뇌 발달의 민감기를 놓쳐 아이의 성장 가능성을 제한하기 쉽다.
- 3~6세 때는 감각 통합과 운동 발달이 우선되어야 하는 뇌 발달 최적기다.
- 뛰어난 아이는 실패를 두려워하지 않고 질문하며 자기만의 방법을 찾는다.
- 뇌의 가소성은 평생 지속되므로 배움의 즐거움을 되찾는 것이 중요하다.

대한민국의 교육 시스템은 놀라운 효율성을 강조한다. 세계 최빈국에서 경제 선진국으로 단기간 내 도약한 원동력이 인적 자원인 만큼 우리 교육은 무엇보다 효율을 중시해왔다. 빨리 지식을 습득하도록 가르치고, 잘하는 학생들을 경쟁시켜 더 많은 성과를 내도록 하는 교육 시스템은 장점도 있으나 단점도 존재한다. 바로 매우 가혹하고 극단적인 평가 체계와 경쟁적인 구조다.

청소년 사망 원인 1위인 자살, OECD 국가 가운데 16년째 청소년 및 성인 자살률 1위, 삶의 만족도 최하위…. 이와 같은 통계 몇 개만 들여다보아도 효율 중심의 경쟁적인 교육 환경의 부작용이 실로 거대하고 깊고 무겁고, 그리고 아프게 사회에 자리하고 있음을 알 수 있다.

상담실에서 만나는 아이들은 이런 말을 한다. "선생님, 저는 왜 이렇게 바보일까요?" "다른 애들은 다 아는데 저만 모르는 것 같아요." "저는 머리가 나쁜 것 같아요."

아이들이 이렇게 말할 때마다 가슴이 아프다. 정말 머리가 나쁜 아이는 없다. 다만 지금 아이가 받는 교육 방식이 그 아이의 학습 코드에 맞지 않을 뿐이다.

처음에는 부모 손에 이끌려 상담하러 온 아이도 마음을 열면 속 이야기를 한다.

"공부를 잘하고 싶어요. 조금만 공부해도 점수가 잘 나왔으면 좋겠어요. 한 번 봤는데도 오래 기억하고 싶어요. 마법의 알약을 먹고 뇌가 번쩍 깨어나서 집중하고 싶어요. 다시 태어나서 IQ가 15점만 높아지면 좋겠어요."

아이는 이런 환상 같은 소망을 수줍게 말한다. 그 모습을 보고 있으면 내 입가에 미소가 슬며시 묻어난다. 공부를 잘하고 싶어 하는 모습이 대견하고 또 그만큼 좌절했을 시간을 생각하면 마음이 짠하다.

"그렇구나, 마법의 알약은 없지만 가능해"라고 내가 말하면 아이는 눈이 똥그래진다. "정말이에요?" 이럴 때는 대부분 눈을 맞추지 않고 이야기하던 아이도 내 눈을 똑바로 바라보며 묻느라 이마가 한껏 올라간다.

선행 학습은 아이 인생에서 무엇을 잃게 하는가?

우리 사회에서는 공부에 소위 재능이 보

이고 성실하게 숙제를 잘하며 수업 태도가 좋으면 어린 나이에도 특별한 대접을 받는다. "장래가 촉망된다", "아이답지 않게 학습 태도가 좋다", "명문대에 가겠다" 등 기분 좋은 말을 듣는 것도 잠시, 아이는 학원으로 향해 더 빨리 더 앞서 나가는 반에 들어간다.

코로나19가 발생한 2020년경부터 선행 학습의 상황이 훨씬 심각해졌다. 그 전에는 선행 학습이 한 학기 혹은 1년, 길어야 2년 정도 앞서 이루어졌다면, 지금은 초등학생이 중학교 과정, 중학생이 고등학교 과정을 공부해야 "선행 학습을 좀 하고 있다"라고 말할 수 있는 수준이 되었다. 많은 부모가 '우리 아이만 뒤처지면 어떻게 하나'라는 불안감에 선행 학습 경쟁에 뛰어든다. 그런데 정작 무엇을 잃고 있는지는 보지 못한다.

심지어 미취학 아동에게도 선행 학습은 예외가 아니다. 3~4세부터 한글을 익힌다. 원래 6~7세가 되면 한글을 쉽게 배우지만 미리 한글을 깨치려면 몇 배의 시간과 노력이 든다. 설령 3~4세가 한글을 좋아하고 관심을 특별히 보인다고 해도 한글을 익히는 것보다 부모가 동화책을 읽어주는 활동이 더 중요하다. 사실 이때는 동화책의 그림을 보고 부모의 목소리를 들으며 다양한 자극을 접하는 가운데 뇌를 발달시키는 것이 더 우선이다.

3~4세에는 감각 통합, 운동 발달, 언어의 기초, 그리고 무엇보다 애착 관계 형성이 이루어진다. 이 시기에 아이가 부모와 함께 책을 읽으며 "이게 뭐지?", "왜 그럴까?" 하고 질문하고, 부모가 "우리

아가가 궁금하구나" 하며 반응해주는 상호 작용은 평생 학습의 토대가 되는 뇌 회로를 만든다.

뇌 발달 골든타임을 꽉 잡아라

뇌의 발달에는 기회의 문이 활짝 열리는 최적기가 있다. 이 문은 영원히 열려 있지 않다. 언어 습득, 감각 발달, 운동 능력, 사회성 발달…. 영역마다 뇌가 가장 효율적으로 학습하는 시기가 정해져 있다.

언어의 민감기는 대략 생후 3년이다. 이 시기에 아이는 놀라운 속도로 언어를 흡수한다. 문법을 따로 배우지 않아도 자연스럽게 문장을 만들고, 발음도 저절로 정확해진다. 하지만 이 시기를 놓치면 같은 수준의 언어 능력을 갖추기가 어렵다.

운동 발달도 마찬가지다. 걷기, 뛰기, 균형 잡기 같은 기본 운동 능력은 3~6세에 기초가 완성된다. 이때 충분히 몸을 움직이지 못한 아이가 나중에 운동 능력을 기르려면 더 많은 시간과 노력이 필요하다. 그런데 많은 부모가 아이를 책상에 앉혀놓고 공부를 시키느라 움직이지 못하게 한다. 뇌가 가장 활발하게 발달해야 할 시기에 가장 중요한 활동인 움직임을 차단하는 것이다.

지금 우리 아이는 어떤가? 혹시 소중한 기회의 문이 활짝 열린 시기에 책상에 앉아 한글을 쓰고 숫자를 외우느라 정작 중요한 발달의 기회를 놓치고 있지는 않은가?

여기 상담실에서 만난 한 아이의 사례가 있다. 선행 학습을 하느라 뇌 발달의 골든타임을 놓치는 바람에 오랜 시간 힘들었던 초등학교 3학년 민준이 이야기다. 문제를 발견하고 이를 해결하기까지의 일련의 과정에서 우리가 놓치기 쉬운 부분들을 알 수 있을 것이다.

민준이는 수학을 너무 어려워했다. 민준이 엄마는 "다른 아이들은 다 잘하는데 우리 아이만 못한다"라며 걱정이 많았다. 민준이와 이야기하던 중에 나는 흥미로운 사실을 발견했다. 이 아이는 레고 조립을 정말 좋아했다. 복잡한 레고도 설명서 없이 뚝딱 만들어내는 놀라운 공간 지각 능력을 가지고 있었다. 그런데 숫자만 나오면 머리가 하얘진다고 했다.

알고 보니 민준이는 3세 때부터 선행 학습을 했다. 너무 이른 시기에 추상적인 숫자 개념을 주입받은 것이다. 숫자만 나오면 머리가 하얘지는 증상은 숫자의 의미를 몸으로, 놀이로 충분히 체험하기 전에 기계적으로 계산하는 방법만 반복 훈련받은 결과였다.

민준이와 블록 쌓기를 하며 수학 공부를 다시 시작했다. "블록 다섯 개로 탑을 쌓아보자", "이제 세 개를 더 쌓으면 몇 개가 될까?" 하는 식으로 과제를 주고, 몸과 손을 사용해 숫자의 의미를 체험하게 했다. 3개월 정도가 지나자 민준이에게서 변화가 포착되었다. 민준이는 "선생님, 수학이 레고랑 비슷해요!"라며 눈을 반짝였다. 마침내 추상적인 숫자가 아니라 구체적인 경험과 연결된 수학 개념을 이해하게 된 것이다. 이때부터 민준이의 학습 코드가 제대로 작동하기 시작했다.

영재교육원 아이들의 공통점, 긍정적 학습 코드

영재교육원에서 나는 수많은 영재, 혹은 영재가 되고 싶어 하는 미래의 영재를 만났다. 그중에는 어마어마한 스케줄에 따라 선행 학습을 하는 아이도 많았다. 이 아이들은 정말 대단했다. 중학교 1학년인데 고등학교 수학을 풀고, 초등학교 6학년인데 중학교 과학을 술술 설명했다. 그들의 노력과 집중력은 감탄스러울 정도였다.

그런데 그 사이에서 특별히 눈에 띄는 아이들이 있었다. 선행 학습을 전혀 하지 않으면서도 뛰어난 모습을 보이는 아이들이었다. 예를 들어, 초등학교 5학년 수진이는 수학 선행을 한 번도 해본 적이 없었다. 하지만 처음 보는 수학 문제 앞에서 주눅 들지 않았다. "어? 이거 재미있네요. 이렇게 접근해보면 어떨까요?"라며 자신만의 방법을 시도했다. 틀려도 "아, 이 방법은 안 되는구나. 그럼 다른 방법은…?"이라며 포기하지 않았다.

이런 아이들을 보자 궁금해졌다. 선행 학습을 한 아이들은 분명 더 많은 공식과 개념을 알고 있다. 그런데 왜 어떤 상황에서는 선행 학습을 하지 않은 아이들이 더 빛날까?

양측을 관찰하니 흥미로운 차이가 있었다. 선행 학습을 한 아이들은 '이 문제는 어떤 유형이지? 어떤 공식을 써야 하지?'라는 방식으로 접근하는 경향이 있었다. 반면 선행 학습을 하지 않은 아이들은 '이 문제에서 뭘 구하라고 하지? 어떻게 해결해볼까?'라는 방식으로 접근했다. 둘 다 나름의 장점이 있었다. 선행 학습을 한 아이들은 빠르고 정확했다. 선행 학습을 하지 않은 아이들은 유연하고 창의적이었으며 문제 해결 중심의 학습 코드를 갖고 있었다.

이 아이들의 공통점을 연구한 끝에 다음과 같은 3가지 흥미로운 패턴을 찾았다.

선행 없이 뛰어난 성취를 보인 아이들의 공통점

- **실패를 두려워하지 않는다.**

  틀렸을 때 "아, 창피해" 대신 "오, 신기하네"라고 반응한다. 이는 부모가 과정을 인정해주는 환경에서 자란 덕분이었다.

- **질문하는 것을 자연스러워한다.**

  "이거 왜 이래요?" "만약에 이렇게 하면 어떻게 돼요?" 이렇게 호기심 어린 질문을 자주 한다.

- **자기만의 방법을 찾는 것을 즐거워한다.**

  "선생님이 알려준 방법 말고 제가 생각한 방법도 있어요!"라며 신나 하는 모습을 보이곤 한다.

이런 특성을 갖춘 아이는 현재 성적이나 학습 수준과 상관없이 언젠가 시동이 걸렸을 때 폭발적인 성장을 보였다. 왜일까? 뇌에 학습과 관련해 긍정적인 학습 코드가 형성되어 있고, 그 학습 코드에 '학습=즐거움', '문제=도전', '실패=배움'이라는 등식이 자리 잡은 덕분이었다.

아이는 저마다 피어나는 계절이 있다

계속 강조했듯 아이의 중요한 발달 시기에는 그 시기에 맞는 경험이 가장 효과적이다. 선행 학습을 하느라 가장 효율이 높고 최적기인 민감기에 꼭 필요한 발달이 제대로 이루어지지 않는 현실이 안타깝다. 물론 그 시기를 놓쳤다고 해서 모든 것이 끝은 아니다. 다만 같은 결과를 얻기 위해 훨씬 더 많은 시간과 노력이 필요할 뿐이다.

그렇다면 도대체 부모는 왜 조급해할까? 아이가 조금 늦는다고 왜 불안해할까? 다른 아이에 비해 뒤처진다고 왜 지나치게 걱정할까? 나도 이런 부모 마음을 이해한다. 부모라면 누구나 아이를 위한 선택이나 결정을 내릴 때 깊이 고뇌할 것이다. 어쩌면 이 과정에서 최선의 선택이나 옳은 선택은 없을지 모른다.

다만 뇌과학적으로 볼 때 선행 학습의 폐해가 적지 않다. 더구나 선행 학습보다는 그 시기에 반드시 이루어져야 할 아이의 발달을 돕는 것이 더 중요하다.

이미 선행 학습으로 여러 발달 시기를 놓친 가정도 있을 수 있다. 하지만 절망할 필요는 없다. 뇌과학 연구는 명확하게 말한다. 뇌의 가소성은 평생에 걸쳐 지속되고, 아이의 학습 코드 역시 언제든 재구성될 수 있다. 그러니 절대 늦은 때란 없다. 사람은 일흔이 넘어서도 치매 예방은 물론 인지 기능을 유지하고 심지어 발달시킬 수도 있다. 아직 청소년기 아이라면 지금이라도 늦지 않았다. 아이가 배움 자체를 즐거워하는 마음을 잃지 않도록 해야 한다. 호기심도 잃지 않도록 해야 한다. 실패해도 다시 시도하는 용기 또한 잃지 않도록 해야 한다. 이 모든 것이 가소성을 통해 아이의 학습 코드를 새롭게 재구성할 수 있는 소중한 원동력이다.

원래 공부를 못하는 아이는 없다는 점을 기억하길 바란다. 현재 원하는 만큼 결과가 나오지 않는다면, 아직 아이 안에 잠들어 있는 배움의 즐거움과 최적화된 학습 코드를 깨워주지 못했을 뿐이다.

14

뇌의 힘이 만든 인생의 터닝포인트

핵심

- 아이의 인지 취약점은 특정 뇌 영역의 미발달 때문이다.
- 손상되거나 미발달된 뇌 영역도 가소성을 활용해 회복할 수 있다.
- 극심한 학습 장애를 극복한 바바라 영과 로버트 예르겐을 주목하자.
- 개인에게 맞는 최적화된 학습 환경과 조건을 찾는 것이 핵심이다.
- 뇌과학 기반 새로운 패러다임은 모든 아이의 성장 가능성을 증명한다.

아이가 공부하는 모습을 지켜보다 보면 부모는 '과연 이렇게 해서 정말 공부가 될까?', '언젠가는 공부를 잘하게 될까?' 하는 생각이 들 때가 있다. 세상에는 노력으로 되는 것도 있지만 아무리 노력해도 안 되는 것도 분명 존재한다. 부모는 살아오면서 이런 현실을 경험해왔기에 아이의 모습을 보며 걱정하고 궁금해하는 것이다.

부모뿐 아니라 교사도 학생을 관찰하면서 걱정한다. 겉으로는 아이가 수업을 잘 따라가는 듯해도 자세히 보면 특정한 부분에서 취약점이 발견된다. 어른의 관점에서 '왜 이걸 이해 못 하지?' 싶을 때는 아이의 특정한 인지 영역이 제대로 발달하지 않았거나 아이의 학습 코드가 특정 방식에 맞지 않을 가능성이 크다.

아이의 가능성에 대해 의구심이 든다면, 이제부터 소개할 두 사례를 찬찬히 읽어보고 판단하기 바란다. 한 사람은 문장의 의미를 전혀 이해하지 못하는 학습 장애로 석사 과정까지 공부 내용을 통째로 암기해야 했던 여성이고, 또 다른 사람은 학교에서 '리틀 몬스터'라고 불렸던 ADHD 남성이다. 그런데 두 사람 모두 자신만의 방법을 찾아 놀라운 변화를 이루었다. 개인적으로 나는 이 사례들을 처음 접했을 때 깊은 감동을 받았고, 정말 누구나 할 수 있다는 확고한 믿음을 갖게 되었다.

사람의 인지 프로파일을 보면 모든 영역이 고르게 발달한 사례는 거의 없다. 특정 인지 능력은 뛰어나지만 다른 영역은 병리적 수준으로 발달이 안 된 극단적인 사례마저 있다. 그런데 놀랍게도 이같은 심각한 어려움도 노력과 교육으로 극복된다. 바로 뇌의 가소성이 보여주는 기적이라 할 수 있다.

가소성은 뇌가 새로운 경험과 학습, 훈련을 통해 스스로 구조와 기능을 변화시키고 적응하는 능력이다. 이 능력 덕분에 손상되거나 미발달된 뇌 영역도 꾸준한 자극과 노력으로 회복되고 성장할 수 있으며 아이의 학습 코드도 새롭게 재구성될 수 있다. 이제부터 가소성의 힘으로 인생을 바꾼 기적적인 두 사례를 소개한다.

단어는 아는데 문장 뜻은 몰랐던
바바라 애로우스미스 영

1947년 캐나다에서 태어난 바바라 애로우스미스 영Barbara Arrowsmith Young은 학습 장애를 겪는 학생을 위한 교육 기관인 애로우스미스학교 설립자다. 그녀는 직접 학습 장애를 극복한 경험과 학습 장애아를 교육하며 쌓은 지식을 바탕으로 『매일 매일 성장하는 뇌』라는 책을 집필했다.

성장기에 영은 두 개념 간의 관계를 이해하지 못하는 장애를 겪었다. 예를 들어 '엄마', '딸'이라는 각각의 개념은 잘 알았으나 '엄마와 딸의 관계'를 전혀 이해하지 못했다. 영은 자신의 장애를 나중에 뇌영상 진단 기술이 발달하고 나서야 알았다. 그 전에는 도무지 자신의 상태를 설명할 수도 이해할 수도 없었다. 머릿속은 늘 뿌연 안개가 낀 것 같았고, 어디로 가야 할지 모르는 캄캄한 터널 속을 하염없이 걸어가는 듯했다. 또한 영은 책을 읽으면서 문장을 연결하지 못했다. '어제 수학 시간에 시험 문제를 확인하고 놀랐다'라는 문장을 접했을 때 '어제', '수학', '시간', '시험', '문제', '확인', '놀랐다'처럼 각각의 단어로 받아들였으므로 의미를 정확히 파악하지 못했다.

이 문제적 증상의 원인은 두정엽-후두엽-측두엽이 만나는 지점에 있는 각회라는 특정 뇌 영역이 선천적으로 제대로 발달하지 않은 데 있었다. 각회는 개념 간의 관계를 이해하고 통합하는 데 핵심적인 역할을 한다. 영은 개별 개념을 저장하고 인식하는 기능은 정상이었지만, 그 개념들 사이의 연결과 관계를 파악하는 신경 회로가 미발달된 상태였다. 따라서 단어 하나하나의 의미는 알아도 단어들이 모인 문장의 전체적인 의미는 이해하지 못했다.

이 때문에 학습 장애를 겪던 영은 학교 시험을 치르기 위해 교과서 내용을 통째로 암기했다. 비록 이해는 못 했으나 뛰어난 시각적·청각적 기억력과 체력을 바탕으로 수십, 수백 번씩 내용을 반복적으로 암기했다. 영은 이렇게 암기한 뒤 시험을 치를 때는 외운 단어에 가장 근접한 항목을 답으로 체크했다. 그래서 어떤 시험은 100점, 어떤 시험은 0점을 맞았다. 문제의 원인을 알지 못했기에 영은 항상 두렵고 불안했다. 그런데도 그녀는 공부를 포기하지 않고 석사 과정까지 마쳤다. 하지만 밤샘 암기로 몸이 만신창이가 되자 병원에서는 학업 중단을 권고하기에 이르렀다.

뇌의 신경 연결이 회복되며 변화된 인생

자신의 상황에 절망했던 영은 '시계 보는 법이라도 익힐 거야'라며 각오를 다졌다. 석사까지 마쳤는데도 그녀는 시침과 분침의 관계를 이해하지 못할 정도로 학습 장애가 심각했다. 시침과 분침을 보고 각각 몇 시, 몇 분인지는 알아도 둘의 관계를 파악해 시각을 이해하지는 못했다. 이 역시 각회의 미발달 때문이었다.

비장한 마음으로 영은 시계 그림 카드 한 묶음을 들고 방에 틀어박혔다. 앞면에는 시계 그림, 뒷면에는 시간이 적힌 카드였다. 몇 달 동안 영은 밥 먹고 잠자는 시간을 제외하고는 오직 시계 카드만 보고 또 보았다. 이 과정에서 가소성의 원리가 실제로 작용했.

가소성은 반복적인 자극과 훈련을 통해 뇌가 스스로 변화하고 발전하는 놀라운 특성이다. 영이 시계 그림 카드로 학습하는 사이, 미발달된 뇌 영역에는 새로운 신경 연결이 만들어지고 기존 기능이 향상되었다. 이로써 자신도 모르게 영은 개념 간 관계를 파악하는 기능을 집중적으로 훈련한 셈이다.

그러던 어느 날 갑자기 머릿속 안개가 걷히면서 영은 시계 그림을 보고 정확한 시각을 알게 되었다. 이유는 알 수 없었다. 영은 서재로 달려가 여태껏 머릿속에서 단어로만 떠돌던 문장을 신들린 듯 읽어나갔다. 이 마법 같은 능력이 사라질까 봐 두려워하며 졸려 쓰러질 때까지 책을 읽었다. 잠들고 깨어나 다시 책을 읽으며 능력이 유지되고 있다는 사실을 확인하고서야 뜨거운 눈물을 흘렸다. 이는 몇 개월 동안 뇌의 뉴런이 자라 각회의 개념 간 관계를 파악하는 기능이 발달한 덕분이었다. 시계 카드와 씨름하는 과정에서 발달하지 않았던 뇌 영역이 자극되고 성장한 것이다.

이후 영은 자신의 경험을 토대로 인지 능력을 구체적으로 나누었다. 인지 능력을 '언어 능력', '수학 능력', '읽기 능력' 등으로 크고 모호하게 나누는 데서 벗어나, '도형 따라 그리기', '시각 기호 판독', '시각 기호 따라 쓰기'처럼 구체적이고 단계적으로 나누었다. 그리고 특정 기능이 제대로 작동하는지 검사하고 훈련하고 연구했다. 인지 교육 분야의 개척자가 된 영은 학습 장애아를 위한 애로우스미스학교를 세웠다.

이 학교에서는 지금까지 수많은 학습 장애 아이가 도움을 받았다. 기존의 일반적인 상담이나 지능 검사로는 밝혀내지 못했던 특수한 기능 장애를 찾아내고, 그에 맞는 구체적인 훈련을 통해 제공해 기능의 현저한 개선을 가져온 사례가 쌓여갔다. 예를 들어, 글자는 읽을 수 있어도 문장의 의미를 파악하지 못하는 증상, 숫자는 알지만 수학적 관계를 이해하지 못하는 증상, 들은 내용은 기억하나 시각적 정보는 처리하지 못하는 증상 등 다양한 증상을 겪는 아이가 각각의 특수한 인지 프로파일과 학습 코드에 맞춘 개별화된 훈련 프로그램으로 놀라운 변화를 맞았다.

다만 이 학교의 프로그램은 아직 충분한 학문적 검증을 거치지 않아 교육계에서 논란이 있다. 하지만 현장에서 많은 아이가 실제로 도움을 받고 있는 것은 분명하다.

학교조차 포기한 ADHD
'리틀 몬스터' 로버트 예르겐

위스콘신대학교 특수교육학과 교수인 로버트 예르겐Robert Jergen의 학창 시절은 절망적이었다. ADHD 증상이 너무 심각해 매년 학기 초만 되면 학교에서 부모에게 "아이를 도저히 가르칠 수 없으니 데려가 가정 교육을 해라"는 전화를 할 정도였다. 당시 부모의 마음과 그 사실을 알게 된 아이가 느꼈을 좌절감은 얼마나 깊었을까?

ADHD라는 진단 개념이 흔하지 않았던 그 시대에 예르겐은 자신이 저주받았거나 미치광이거나 극도로 게으른 인간이라고 생각했다. 아무도 그를 이해하지 못했고 스스로도 자신을 이해할 수 없었다. 계속되는 실패와 좌절, 주변의 차가운 시선에 위축되고 절망한 그는 급기야 두 번이나 자살을 시도하기에 이르렀다. 하지만 그는 살아남았고, 이후 자신만의 길을 찾기 위한 처절한 여정을 시작했다.

ADHD는 전두엽의 미성숙과 관련이 깊다. 전두엽은 목표 설정과 충동 억제를 담당하는데, 이 영역이 제대로 발달하지 않으면 자기 조절력에 문제가 생겨서 전반적인 학습 코드와 학습 과정에 영향을 미친다. 자기 조절력 부족은 의지 문제가 아닌 전두엽의 미성숙이 원인인 것이다.

혼자서 찾아낸 ADHD 뇌의 비밀

예르겐이 자신에게 맞는 공부법을 찾아가는 과정은 참으로 눈물겹다. 왜 그런지 몰라도 그는 어떤 행동을 하거나 어떤 조건일 때 집중할 수 있었다. 이에 대한 기준도, 참고 사례도, 함께 찾아볼 사람이나 물어볼 사람도 없었지만 가능한 모든 조건, 상황, 종류를 가리지 않고 공부가 되는 조건을 찾기 위해 시도하고 또 시도했다.

놀랍게도 그가 가장 먼저 찾아낸 조건은 '10분 동안 격렬하게 달리고 나면 집중이 된다'는 것이었다. 당시에는 운동이 ADHD 뇌에 미치는 영향을 밝힌 과학적 연구 결과가 없었지만, 지금 우리는 그 이유를 명확히 안다. 격렬한 운동은 뇌에서 도파민과 노르에피네프

린의 분비를 촉진해 ADHD로 인한 주의력 결핍을 보완해주고 학습 코드를 최적화시킨다. 예르겐은 혼자 힘으로 이 놀라운 비밀을 발견했다.

이후 예르겐은 '어떻게 하면 내가 공부를 잘할 수 있을까?'라는 질문에 답해줄 사람을 찾지 못하자 스스로 답을 찾기로 했다. 자신의 학습 조건을 세밀하게 기록하는 것부터 시작했다. 날짜, 시간, 장소, 계절, 온도, 습도, 주변 환경, 공부 전후 상황, 몸 상태까지 모든 것을 데이터화했다. 대부분 아이는 3~4가지 핵심 조건만 갖추어지면 공부에 집중할 수 있다. 하지만 예르겐은 산만함과 과잉 성향이 매우 강했기에 훨씬 더 많은 조건이 맞아야 집중할 수 있었다.

그 조건들은 무척 흥미로운데 그중 하나가 '깜빡거리는 백열등 아래에서는 집중하기 어렵다'라는 것이다. 그때만 해도 플리커 현상이 뇌의 인지에 영향을 준다는 연구가 전무해서 "괴짜의 핑계"라며 그를 비웃는 이도 있었다. 그런데 세월이 흐른 지금은 어떤가? 플리커 현상이 뇌의 인지 효율을 떨어뜨리고 집중을 방해한다는 사실이 과학적으로 입증되었고 이제는 플리커 프리 조명이 학습 공간의 기본 요소로 권장되고 있다. 예르겐의 조건 중 '날씨가 좋으면 집중을 못 한다'라는 것도 눈에 띈다. 화창한 날 밖으로 나가고 싶어 하는 마음은 누구에게나 지극히 자연스럽다. 이는 정도의 차이일 뿐, 외부 환경이 집중력에 영향을 미친다는 사실 자체는 누구에게나 해당된다.

예르겐이 찾아낸 조건들은 정확하게 ADHD를 앓는 뇌를 진정시켜 주의력을 발휘할 수 있는 조건들이었고 그의 고유한 학습 코드를 최적화하는 환경이었다. 자신에게 맞는 학습 조건을 하나씩 연구한 끝에 예르겐은 마침내 최적의 학습 환경을 완성했다. 그러자 이를 바탕으로 폭발적인 속도와 생산성으로 미국 최단기 박사 학위 취득, 20여 편 논문 출간, 대학교수 임용이라는 놀라운 성과를 세상에 보여주었다. 실제로 ADHD를 겪는 학생은 에너지 수준이 매우 높다. 그래서 주의 집중력과 에너지를 제대로 초점화하면 예르겐처럼 보통 사람의 10배, 20배 성과를 낼 수 있다.

하지만 성공 이후에도 ADHD는 여전히 그의 발목을 잡았다. 뛰어난 성과를 인정받아 대학교수로 임용이 확정되었지만, 학과장에게 인사하러 간 마지막 절차에서 충동 억제가 되지 않아 실례되는 말을 내뱉고 임용이 취소되고 말았다. 학습 장애라는 고난 속에서 성공적으로 성과를 내고 사회적으로 인정받은 사람에게도 ADHD 증상을 조절하는 것은 여전히 어렵다는 현실을 보여주는 일화다.

예르겐은 이처럼 극적인 성공과 좌절을 반복하며 겪은 자신의 이야기를 『리틀 몬스터』라는 책으로 펴냈다. 제목 자체가 사회가 예르겐을 어떻게 바라보았는지를 상징한다. 한국어판 책 표지는 괴물을 작고 귀엽게 표현했지만, 영문판 책 표지는 괴물을 섬뜩하고 으스스하게 그려 예르겐에 대한 사회적 시선을 적나라하게 드러냈다.

예민한 사람이 전하는 소중한 신호

예르겐처럼 예민한 사람은 마치 깨끗한 물에만 사는 물고기 쉬리와 같다. 환경이 오염되면 쉬리는 죽고, 이 죽음은 경고가 되어준다. 예민한 사람도 마찬가지로 다양한 자극과 환경 정보를 제공하여 많은 이의 삶의 질을 높이는 데 기여한다.

지극히 예민하고 작은 자극에 쉽게 집중력이 흐트러지는 예르겐의 사례에서 학습을 위한 최적화된 환경 조건에 대한 여러 단서를 발견할 수 있다. 이런 경험적인 데이터와 뇌과학 연구 결과는 학습 효율을 높이는 최적화된 환경 조건을 찾는 데 큰 도움이 된다.

인간은 엄청나게 환경에 영향을 받는다. 의식하지 못하거나 인지하지 못할 뿐, 실제로 집중력은 물론이고 아이의 학습 코드 활성화에도 환경은 직접적인 영향을 미친다. 그렇다면 뇌의 집중을 방해하는 요소를 제거하면 아이에게 어떤 일이 일어날까? 똑같은 시간 동안 똑같은 자리에서 똑같은 방식으로 공부했어도 더 나아진 학습 환경에서는 인지 효율이 더욱 상승하기 마련이다. 그러므로 개인에게 맞는 최적화된 학습 환경과 조건을 찾아 아이의 학습 코드를 활성화하는 것은 매우 중요하다. 특히 예르겐의 이야기는 ADHD와 같은 학습 장애도 정확한 개별 맞춤형 접근을 통해 극복할 수 있다는 희망을 준다.

불가능을 가능으로 만든
사람들이 주는 희망

영과 예르겐의 학습 장애는 보통 사람이 일반적으로 학습에서 겪는 어려움을 훌쩍 뛰어넘는다. 감히 상상할 수도 없는 수준이었지만 훈련을 통해 극복했다. 교육자이자 상담자, 학자로서 나는 여기서 희망을 본다. 개인적으로 힘들거나 학생을 가르치면서 고단할 때 두 사람의 저서를 펼쳐서 읽어보며 생각한다. '내가 두 사람이 했던 노력의 10분의 1이라도 시도했을까….' 그러면 다시 도전하고 나아갈 힘이 솟는다.

두 사람은 또한 내가 연구하는 데에도 큰 영감을 주었다. 이들의 노력에서 힌트를 얻어서 '구체적이고 세부적인 인지 기능에 따른 발달을 위한 훈련 프로그램'과 '자기 보고식 학습에 대한 종합적인 분석을 위한 뇌과학 기반의 학습 심리 검사'를 개발했다.

다행히 지금은 상황이 다르다. 뇌와 뇌의 작동 방식에 대한 이해가 비약적으로 발전했고, 학습 과정의 뇌과학적 접근이 체계화되었다. 뇌영상 기술의 혁신적 발달과 치매 연구의 축적된 성과, 그리고 유럽의 휴먼 브레인 프로젝트Human Brain Project와 미국의 브레인 이니셔티브BRAIN Initiatie 같은 국가적 뇌 연구 사업을 통해 신경과학 분야에 엄청난 지식이 축적되었다.

이제 우리에게는 영과 예르겐이 혼자서 외롭게 찾아야 했던 그

길, 존재하는지 확신할 수조차 없었던 누구도 가본 적 없던 그 길 대신 검증된 여러 길이 열려 있다. 개인의 뇌 특성을 이해하고 그에 맞는 최적화된 학습 코드를 전문가와 축적된 과학적 지식의 도움을 받아 체계적으로 찾을 수 있는 시대가 왔다. 더 이상 홀로 길을 헤맬 필요가 없다. 뇌과학이 제공하는 나침반을 따라 각자에게 맞는 학습의 길을 찾아갈 수 있게 되었다.

예르겐의 사례에서 알 수 있듯 집중력은 어마어마하게 환경의 영향을 받으며, 개인에게 최적화된 학습 환경을 찾는 것이 학습 코드를 활성화하고 학습 효과를 극대화하는 핵심이다. 뇌의 집중을 방해하는 요소를 제거하면 똑같은 시간과 노력을 투입해도 인지 효율이 훨씬 더 상승하기 마련이다.

공부에 대한
새로운 뇌과학 패러다임

부모는 아이에게 무엇이든 해주고 싶은 마음이지만, 공부만큼은 아이가 스스로 해야 한다. 그리고 여전히 교육계에서는 엉덩이의 힘, 의지, 끈기를 강조하나, 뇌과학은 공부는 아이의 뇌가 해야 한다는 다른 해답을 제시한다. 뇌의 작동 원리를 이해하고 그에 맞게 접근하면 아이의 학습 코드가 최적화되어 아이는 놀라운 변화를 경험한다. 만일 아이가 학습에 어려움을 겪는다면 뇌가 능력을 발휘하는 데 필요한 조건이 부족하거나, 특정 뇌 영역이 충분히 발달하지 않았거나, 무언가가 뇌를 방해하는 것이다. 아이의 잘못이 절대 아니다.

우리나라 청소년의 평균 학습 시간은 세계 최고 수준이다. 그러나 학업 성취도는 학습 시간에 비례하지 않는다. 많은 아이가 '공부 안 하면 안 돼'라는 불안 때문에 책상 앞에 앉지만, 불안한 뇌는 생존 본능만 활성화할 뿐 학습 회로는 차단하고 만다.

뇌과학 연구는 명확하게 보여준다. 정서를 담당하는 변연계가 안정되어야 학습 관련 인지 영역이 제대로 작동한다. 스트레스 호르몬 코르티솔이 과도하게 분비되면 해마와 전전두엽 기능이 저하되어, 아무리 오래 공부해도 시간에 비례하는 성과를 얻기 어렵다. 아이의 환경에서 중요한 것은 시간이 아닌 '회로'다. 아이의 뇌가 안정되고 집중할 수 있는 학습 코드를 설계하는 것이 가장 중요하다.

영과 예르겐의 사례가 증명하듯, 가장 절망적인 상황에서도 뇌에 맞는 방법을 찾으면 극적인 변화가 가능하다. 모든 아이에게는 각자에게 맞는 학습의 길이 있고 각자 고유한 학습 코드가 있다. 뇌과학이 알려주는 것은 명확하다. 모두가 학습할 수 있고, 성장할 수 있으며, 자신만의 잠재력을 펼칠 수 있다.

배우고 알아가는 과정에서 인간은 본능적으로 즐거움을 느낀다. 뇌에 맞는 학습을 설계하면 아이의 학습 코드가 제대로 작동하고 아이는 더 이상 방황하지 않는다. 뇌는 변화할 수 있으며, 부모는 그 변화를 유도할 수 있다. 답은 뇌에 있다.

뇌 안에 잠든
학습 코드를 깨워라

15

무조건 받아주라는
말이 아니다

핵심

° 수용과 허용은 전혀 다른 개념이다.
° 올바른 양육 순서는 '안정화 → 연결 → 교육과 교정'이다.
° 감정을 먼저 수용하고 교육하는 것이 뇌의 작동 원리에 맞는 과학적 접근법이다.

상담 현장에서 내가 부모에게 "아이의 감정을 수용해주세요"라고 하면 종종 이런 말이 돌아온다. "그럼 아이가 하고 싶은 대로 다 해주라는 뜻인가요?" "그렇게 오냐오냐하면 버릇없는 아이가 되는 거 아닌가요?"

부모의 이런 반응은 수용에 대한 오해에서 비롯된다. 수용은 무조건적인 허용이 아니다. 수용이란 아이가 느끼는 부정적인 정서에 대해 '네가 그럴 만하다'라고 하는 감정적 이해를 의미한다. 하지만 그 감정으로 인한 아이의 부적절한 행동까지 허용해서는 안 된다.

한 가지 사례를 들어본다. 부모가 게임을 못 하게 하자 아이가 화내며 소리를 지르는 상황이 벌어졌다고 가정하자. 이럴 때 부모는 어떻게 해야 올바르게 양육을 하는 것일까?

- 일반적 접근: "왜 소리를 지르니? 그러면 안 되지!"
- 올바른 수용: "게임을 못 하게 해서 화가 났구나. 정말 재미있는데 갑자기 중단하니까 짜증 날 만하다. 그런데 소리를 지르는 건 좋은 방법이 아니야."

훈육할 때 부모는 먼저 아이가 느끼는 부정적인 정서를 이해하도록 한다. 그런 뒤 아이의 화난 감정을 수용하되 소리 지르는 행동은 허용하지 말아야 한다.

아이의 화난 감정을 수용했을 때 벌어지는 일

인간의 뇌에는 크게 2가지 작동 시스템이 있다. 생존을 담당하는 하위 뇌(편도체, 변연계)와 이성적 판단을 담당하는 상위 뇌(대뇌피질, 특히 전전두엽)다.

아이가 불안이나 위협을 느끼는 상황에서는 편도체가 과활성화되어 뇌의 통제권을 장악한다. 동시에 스트레스 호르몬인 코르티솔이 전전두피질의 기능을 억제하여 아이의 학습 코드가 제대로 작동하지 못한다. 이때 아이의 뇌는 아무리 논리적으로 설명해도 받아들일 수 없는 상태다. 신경과학 연구에 따르면, 스트레스를 받은 상태에서는 작업 기억의 용량이 현저히 감소하고, 문제 해결 능력이 저하되며, 학습 효율이 떨어진다.

뇌 작동 원리에 따른 올바른 훈육 순서

- 1단계. 안정화: 먼저 아이의 뇌를 안정화한다. 감정을 언어로

표현하는 것만으로도 편도체의 활성이 감소하고 전전두피질이 활성화된다. 부모가 "화가 났구나", "속상하구나"라고 아이의 감정을 명명해준다. 공감받은 아이의 뇌에서는 옥시토신 같은 애착 호르몬이 분비되어 스트레스 호르몬이 중화되고, 곧이어 '그럴 만하다', '이해할 수 있어'라는 메시지가 뇌를 진정시킨다.

- 2단계. 연결: 안정화가 이루어지면 부모와 아이 간에 신뢰 관계가 형성된다. 아이가 감정적으로 안정되면 부모와의 라포가 자연스럽게 구축되어 대립하는 관계가 아닌 문제를 함께 해결하는 관계가 된다. 이때 아이는 부모를 통제자가 아닌 조력자로 느끼게 되며, 혼자서 외롭게 해결해야 하는 게 아니라 도움을 받아 문제를 해결할 수 있다는 기대가 생긴다. 이러한 긍정적 기대와 예측은 뇌의 보상 체계와 관련된 도파민 분비를 활성화해 협력적 문제 해결에 대한 동기를 더욱 강화한다.
- 3단계. 교육과 교정: 전전두피질이 제대로 작동할 수 있는 상태가 되어 이성적 판단, 논리적 사고, 문제를 해결하는 전략 수립이 가능해진다.

만약 안정화 없이 부모가 바로 훈육을 시도하면 아이의 뇌에서는 편도체가 더욱 활성화되어 '또 혼난다'라며 위협을 느낀다. 그리고 전전두피질은 한층 억제되어 학습과 성찰이 불가능해진다. 아이는 방어 기제를 작동시켜 회피하거나 거짓말을 하게 되고, 결국 근본적인 해결 없이 같은 문제가 반복된다.

    뇌 분야의 데이터는 명확하게 보여준다. 감정을 먼저 수용하고 안정화한 뒤에 교육과 교정을 하는 것이 뇌의 작동 원리에 맞는 효과적인 훈육법이라는 것을 말이다. 수용은 허용이 아니다. 수용은 효과적인 교육을 위한 전제 조건이다. 부모가 훈육 순서를 지키면, 아이는 자연스럽게 자기 조절력을 기르고, 합리적 판단력을 발달시키며, 사회적으로 성숙한 선택을 할 수 있는 능력을 갖춘다. 이 과정에서 아이의 학습 코드도 점진적으로 최적화된다. 이것이 바로 뇌과학이 알려주는 현명한 훈육의 길이다.

뇌 안에 잠든
학습 코드를 깨워라

3장

뇌를 읽는 상담심리학자의 상담 아카이브

이 장에서는 내가 오랜 시간 상담하며 만난 학생들 이야기를 소개한다. 이 책을 읽는 부모가 자신의 아이에게도 적용할 수 있는 사례들을 선정했다. 아이 고유의 뇌 작동 방식을 이해하고 그에 맞는 최적의 학습 환경을 설계하는 데 실용적 가이드가 되어줄 것이다.

상담에서 활용되는 검사

- **기질성격검사**

타고난 기질(생물학적 성향)과 후천적 성격(환경적 영향)을 동시에 측정하여 개인의 행동, 감정, 대인 관계 경향을 알아보는 검사.

- **뇌기반종합학습심리검사**

뇌 기반 기질적 특성과 심리사회적 요인을 통합하여 학생의 학습 특성을 종합적으로 평가하는 검사. 신경생물학적 토대(보상 및 위험 반응 체계)와 발달적 특성(학습 동기 및 성과)을 구분하여 측정하며, 인지·정서·행동·관계 등 다층적 영역에서 학습 패턴을 분석한다. 학생 개개인의 고유한 뇌-심리 프로파일을 과학적으로 파악하고 맞춤형 교육 전략을 수립하는 데 활용된다.

- **시험불안검사**

시험 환경에서의 불안 정도를 측정하는 심리 검사. 인지적·신체적·감정적 불안 반응을 평가해 시험을 볼 때 불안에 시달리는 원인과 수준을 진단하고 이에 대한 대처 전략을 마련하는 데 활용된다.

• **종합학습심리검사**

학습 능력, 학습 동기, 집중력 등 학습에 영향을 주는 심리적 요인을 다각도로 분석하는 종합 검사.

• **컴퓨터기반인지편향검사**

컴퓨터 프로그램으로 인지 편향을 측정하는 검사. 심리적 문제와 관련된 인지적 특성을 구체적으로 평가하기 위해 활용된다.

• **컴퓨터기반주의편향검사**

컴퓨터 프로그램으로 주의 편향을 측정하는 검사. 특정 자극에 대해 주의가 얼마나 편향되는지 측정하기 위해 활용된다.

• **웩슬러지능검사**

지능 지수(IQ) 산출 및 인지 능력 세부 평가를 위한 가장 대표적인 지능 검사. WISC-V라는 용어는 Wechsler Intelligence Scale for Children-Fifth Edition의 줄임말로, 웩슬러아동지능검사 5판을 의미한다. 이 검사는 총 16개의 소검사로 구성되어 있으며, 세부 지표는 다음과 같다.

- 전체 IQ(FSIQ): 전반적인 인지적 능력을 나타내는 종합 점수 지표
- 언어이해(VCI): 언어적 추론, 이해, 개념화, 단어 지식 등을 이용하는 언어 능력 등을 측정하는 지표
- 시공간(VSI): 시공간 조직화 능력, 전체-부분 관계성의 통합 및 종합 능력, 시각적 세부 사항에 대한 주의력, 시각-운동 협응 능력 등을 측정하는 지표
- 유동추론(FRI): 귀납적 추론과 양적 추론 능력, 전반적인 시각 지능, 동시 처리, 개념적 사고, 추상적 사고 능력 등을 측정하는 지표
- 작업기억(WMI): 주의력, 집중력, 작업기억(제시되는 정보를 효율적으로 처리하기 위해 아주 짧은 시간 동안 머릿속에 정보를 유지하는 능력)을 측정하는 지표
- 처리속도(PSI): 간단한 시각적 정보를 빠르고 정확하게 탐색하고 변별하는 능력, 정신 속도와 소근육 처리 속도 등을 측정하는 지표

점수	분류
130 이상	매우 우수
120~129	우수
110~119	평균 상
90~109	평균
80~89	평균 하
70~79	낮음
69 이하	매우 낮음

16

일상생활 문제에 대한 성장변화법

'이론은 좋은데… 과연 이걸 우리 집에서 활용할 수 있을까?' 이렇게 생각하는 부모가 많다. 이 책에서는 지금까지 뇌과학 기반의 최신 이론과 유용한 정보를 소개했다. 그런데 결국 우리 아이에게 이를 적용하는 것이 가장 중요하다. 가정에서의 활용법을 사례로 설명하겠다. 어려움을 겪던 아이가 긍정적인 변화를 경험한 실제 사례다. 사례는 개인이 특정되지 않도록 각색했다.

CASE 1.

게임 중독자에서 요리 꿈나무로 변신!

김준호, 12세(초 5), 남

문제

방과 후에 준호는 집으로 돌아오면 숙제도 안 하고 4시간씩 게임을 했다. 부모가 게임을 못 하게 하면 준호는 극심한 짜증과 분노를 보였다. 결국 준호에게 '인터넷 게임 장애Internet Game Disorder, IGD'라는 진단이 내려졌고 부모는 절망에 빠졌다.

부모는 처음에 엄격하고 강압적인 방법으로 상황을 개선하려고 애썼다. 즉 통제와 제한을 목표로 게임기를 치우고, 컴퓨터를 잠그고, 외출할 때마다 준호를 데리고 다녔다. 하지만 이런 방법으로는 근본적으로 문제가 해결되지 않았으며 오히려 준호의 저항만 더 심해졌다. 준호는 어떻게든 게임을 했다. 친구 집에 가서 게임을 하기도 하는 등 부모 몰래 게임할 방법을 기어코 찾아냈다.

성장변화법

먼저 부모가 준호의 뇌 상태를 이해할 필요가 있었다. 게임은 도파민 보상 회로를 강력하게 자극한다. 더구나 준호는 게임 외의 활동에서는 충분한 만족감을 얻지 못하는 상태였다. 이에 무조건 게임을 금지하기보다는 다른 보상 회로를 활성화해야 했다. 그 해결 방안으로 가족과 함께하는 12주간의 4단계 계획을 세웠다.

- 1단계. 관찰과 이해(1주)

  준호가 언제, 왜 게임을 하고 싶어 하는지 패턴을 관찰한다. 그리고 게임 외에 어떤 활동에 관심을 보이는지 탐색한다. 준호의 감정 상태와 게임 욕구의 연관성도 파악한다.

  ⋯▸ 관찰을 통해 준호에 대해 여러 사실을 알 수 있었다. 준호는 스트레스를 받거나 지루할 때 게임 욕구를 강하게 보였는데, 특히 성취감을 느끼지 못하는 날일수록 게임에 더 몰입했다. 친구 관계에서 어려움이 있을 때도 게임을 하며 회피하려는 경향이 있었다.

- 2단계. 대안 보상 시스템을 구축(2~4주)

  구체적으로 다음 4가지를 시도한다.

  - 운동: 준호가 좋아하는 축구를 주 3회 한다.
  - 만들기: 레고나 프라모델 조립을 하며 성취를 경험한다.
  - 요리: 주말마다 아빠와 함께 요리하여 온 가족에게 대접한다.

- 독서: 게임처럼 흥미진진한 이야기와 속도감이 있는 판타지 소설을 읽는다.

- **3단계. 점진적으로 게임 시간을 조절(5~8주)**

게임 시간을 조절한다. 이때 갑작스럽게 금지하지 말고 점진적으로 게임 시간을 줄여나간다. 준호는 평소 4시간가량 게임을 했는데 최종적으로 1시간까지 줄이는 것을 목표로 한다. 게임 시간을 줄인 만큼 다른 즐거운 활동 시간을 늘린다.

보상은 반드시 준호와 함께 상의해서 정한다. 이 논의 과정 자체가 중요한데, 아이가 자신이 원하는 것을 탐색하고 게임 외에도 즐거운 활동이 많다는 사실을 자각하는 것을 돕는 과정이기 때문이다. 준호가 부모와 사전에 정한 시간만큼만 게임을 했다면 함께 정한 보상을 받는다.

구체적인 보상 예시는 다음과 같다.

- 음식 관련: 좋아하는 간식 선택권, 저녁 메뉴 정하기, 가족과 함께 요리하기, 좋아하는 음식점에서 식사하기
- 활동 관련: 가족과 영화 감상, 보드게임 시간, 친구와 만나기, 스포츠 활동 참여, 놀이공원이나 체험관 방문
- 물건 관련: 원하는 책이나 만화책, 레고나 프라모델 키트, 스포츠 용품, 취미 용품 구입
- 권한 관련: 주말 일정 정하기, 가족 나들이 장소 선택권, 늦잠

자기 쿠폰, 집안일 면제권

이때 준호가 여러 보상 중 원하는 것을 직접 선택하고 결정하도록 하는 것이 중요하다. 이 과정에서 아이는 자신의 욕구와 관심사를 명확히 인식하고, 게임 이외의 활동에서도 즐거움을 찾을 수 있음을 깨닫게 된다.

- 4단계. 새로운 정체성을 형성(9~12주)

  부모는 준호의 정체성이 '게임만 하는 아이'에서 '다양한 것을 즐기는 아이'로 바뀌도록 돕는다. 예를 들어, 축구에서 보인 실력을 크게 인정해주고, 요리 솜씨를 가족 앞에서 자랑할 기회를 만들며, 독서하면서 느낀 점을 같이 나누어본다.

변화

온 가족이 합심해서 4단계를 충실하게 수행한 덕분에 3개월 뒤 준호는 하루 1시간 정도만 게임을 할 만큼 문제 증상이 호전되었고 다른 활동에서도 충분한 만족감을 얻게 되었다. 준호는 축구 동아리에도 가입했고, 무엇보다 요리에 관심을 보여 장래 희망으로 요리사를 고려하기 시작했다. 준호 어머니는 "아이가 게임만 하는 로봇 같았는데 이제 다시 사람다워졌어요. 무엇보다 대화가 늘어서 좋아요"라고 말했다.

준호는 단기간에 효과를 본 성공적인 사례다. 실제로 다른 아이는 변화하기까지 더 많은 시간이 필요할 수 있다. 게임 중독 문제를 해결하는 데 중요한 것은 방향을 설정하고 시작하는 것이다. 사실 결과보다 더 중요한 것은 과정이다. 게임 시간을 조절하려고 노력하는 과정에서 겪는 다양한 시행착오와 크고 작은 성취 경험이 아이의 뇌에 축적되어 자기 조절력을 형성한다. 전략을 세우고 결과를 분석하고 새로운 방법을 고민하는 이 과정 자체가 메타인지 발달의 핵심이다.

과정을 어떻게 받아들이느냐에 따라 결과는 완전히 달라진다. 부정적으로 접근하면 '나는 의지가 약한 사람'이라는 자기 비난으로 이어질 수 있다. 하지만 성장 지향적으로 접근하면 자신의 학습 코드를 이해하고 최적화하는 소중한 경험 데이터가 된다. 실패조차 다음 단계를 위한 중요한 정보로 활용할 수 있다.

결국 같은 과정이라도 어떤 관점에서 바라보느냐에 따라 좌절의 경험이 될 수도, 성장의 기회가 될 수도 있다. 부모의 가장 큰 역할 중 하나는 아이가 이 과정을 긍정적 성장의 경험으로 받아들이도록 돕는 것이다.

CASE 2.
100점 스트레스에서 탈출해 건강을 되찾다
나수민, 15세(중2), 여

문제

완벽주의자 수민이는 항상 1등을 해야 한다는 강박에 시달렸다. 시험에서 95점을 받아도 "왜 100점을 못 받았지?"라며 자책했다. 그리고 실수를 극도로 두려워해서 새로운 도전을 회피했다. 스트레스로 인한 두통과 복통을 자주 호소할 만큼 신체적 건강 문제까지 심각했다.

부모는 수민이를 위로하려고 "괜찮다, 잘했어"라고 항상 말했지만 효과가 없었다. 오히려 수민이는 상담 중에 "엄마 아빠는 내 마음을 이해하지 못해요"라고 말했다. 예전에도 상담을 받았던 적이 있는데, "압박을 줄이라"는 조언이 구체적이지 않아 실천하기 어려웠다고 했다.

성장변화법

완벽주의는 뇌의 오류 탐지 시스템이 과민하게 작동하는 상태다. 실수를 '위험 신호'로 인식하여 편도체가 과활성화되고, 이는 더 불안을 키워서 수민이의 학습 코드가 제대로 작동하지 못하게 만들었다. 따라서 실수에 대한 뇌의 반응 패턴을 바꿀 필요가 있었다. 그 해결 방안으로 다음처럼 16주간의 4단계 처방을 내렸다.

- 1단계. 완벽주의에 대한 뇌과학적 이해(1~2주)

    완벽주의의 뇌과학적 메커니즘을 이해한다. 뇌는 생존을 위해 위험을 과대평가하는 경향이 있다. 실수를 생명에 대한 위험으로 인식하는 것은 뇌의 오작동이며, 오히려 적당한 실수는 학습과 성장에 필수다.

- 2단계. 실수 재프레이밍을 훈련(3~6주)

    실수에 대한 인식을 바꾼다.
    - 실수 일기: 매일 그날 한 실수와 배운 점을 찾아 일기처럼 기록한다.
    - 실수 파티: 가족이 돌아가며 실수했던 이야기를 유머러스하게 공유하는 시간을 마련한다.
    - 실수 실험: 일부러 작은 실수를 해보고 그래도 별일이 없음을 경험한다.

- 유명인의 실수 찾기: 잘 알려진 사람이 한 실수를 찾아본다.

- **3단계. 과정 중심의 평가 시스템을 도입(7~10주)**

  결과보다 과정을 중시한다.

  - 노력 점수: 시험을 치렀을 때 결과인 성적과 별도로, 노력한 정도에 따라 점수를 매겨본다.
  - 도전 인정: 어려운 문제에 도전한 것 자체를 인정한다.
  - 과정 질문: 부모는 수민이에게 "몇 점 받았어?" 대신 "어떤 부분이 어려웠어?", "시험을 치고 나니까 어떤 과정이 잘 준비된 거 같아?"라고 묻는다.
  - 성장 기록: 수민이는 이전의 자신과 비교해보고 어떤 점에서 성장했는지를 찾는다.

- **4단계. 새로운 도전을 경험(11~16주)**

  안전한 환경에서 새로운 도전을 경험한다.

  - 취미 활동: 전에 배워본 적 없는 악기를 배운다. 새로운 활동을 하면서 실수해도 괜찮은 경험을 한다.
  - 봉사 활동: 다른 사람을 돕는 경험을 하며 관점을 확장한다.
  - 창작 활동: 정답이 없는 창작으로 자유로운 표현을 유도한다.
  - 팀 활동: 개인 성취보다 팀워크가 중요한 활동에 참여한다.

변화

4개월 후 수민이는 여전히 성실하고 책임감이 강한 모습을 보였다. 하지만 실수에 대한 두려움이 크게 줄어들었다. 새로운 도전을 회피하지 않게 되었고, 스트레스로 인한 신체적 증상도 사라졌다. 무엇보다 표정이 밝아지고 친구들과의 관계도 개선되었다.

수민이는 이렇게 말했다. "예전에는 틀리면 세상이 끝나는 줄 알았어요. 지금은 틀려도 괜찮다는 걸 알아요. 오히려 틀리면서 배울 수 있다는 게 신기해요."

CASE 3.
꿈이 생기니 공부가 하고 싶어졌다
라지훈, 17세(고1), 남

문제

지훈이에게서는 학습 동기를 전혀 찾아볼 수 없었다. 성적은 중하위권을 맴돌았고 미래에 대한 계획도 없었다. 부모가 잔소리하면 "알겠어요"라고 대답했으나 행동은 바뀌지 않았다. 상담에서 속마음을 들려달라고 하자 지훈이는 "솔직히 공부를 왜 해야 하는지를 모르겠어요"라고 고백했다.

이런 아이에게 부모는 "공부해야 좋은 대학 가고, 좋은 직장에 들어가는 거야"라는 말로 계속 설득해왔다. 하지만 아직 어린 지훈이에게는 대학 진학이나 취직이 너무 먼 미래의 이야기로 여겨졌다. 그래서 억지로 학원에 다니고는 있어도 수업 중에 자꾸 딴생각을 했다.

성장변화법

동기는 뇌의 보상 회로에서 나온다. 하지만 지훈이는 학습과 보상이 연결되지 않은 상태였고, 이는 그의 학습 코드가 활성화되지 않고 있음을 의미했다.

동기는 이성의 뇌가 아닌 정서의 뇌에서 만들어진다. 논리적 설득보다는 감정적 의미를 느낄 수 있는 경험이 필요한 이유다. 아무리 주변에서 논리적으로 "공부해야 한다"라고 설득해도 본인이 감정적으로 의미를 느끼지 못하면 진정한 동기가 생기지 않는다. 따라서 지훈이에게는 학습 자체에서 만족감을 느낄 수 있는 경험을 만들어줄 필요가 있었다. 그 해결 방안으로 다음처럼 16주간의 4단계 처방을 내렸다.

- 1단계. 관심 영역을 탐색(1~3주)

  지훈이의 진짜 관심사를 찾는다.
  - 자유로운 대화: 압박 없이 좋아하는 것에 관해 이야기를 나눈다.
  - 다양한 경험: 박물관이나 과학관 관람, 직업 체험 등의 경험을 제공한다.
  - 관심사 기록: 어떤 활동에서 집중력을 보이는지 관찰하고 기록한다.
  - 관심사 발견: 게임 그래픽 디자인, 유튜브 영상 편집, 컴퓨터 관련 기술에 흥미를 보였다.

- 2단계. 관심사와 학습을 연결하기(4~8주)

  지훈이의 관심사를 학습과 자연스럽게 연결한다.

  − 수학: 게임 그래픽의 좌표계와 함수 개념을 연결한다.

  − 영어: 게임 개발과 관련한 해외 영상을 영어로 시청한다.

  − 과학: 컴퓨터의 작동 원리와 물리 법칙을 연결한다.

  − 국어: 게임 시나리오를 작성하며 창작 활동을 한다.

- 3단계. 작은 성취 경험을 쌓기(9~12주)

  학습에서 성취감을 느낄 경험을 제공한다.

  − 프로젝트 기반의 학습: 관심 있는 주제로 작은 프로젝트를 수행한다.

  − 또래 인정: 자기 작품을 친구들에게 보여주고 인정받는 기회를 만든다.

  − 전문가 피드백: 관련 분야의 전문가에게 조언을 구한다.

  − 성장 확인: 이전과 현재의 작업물을 비교해 그동안 실력이 향상되었음을 확인한다.

- 4단계. 미래 비전 연결하기(13~16주)

  현재의 학습과 미래의 꿈을 연결한다.

  − 진로 탐색: 게임 개발, 영상 제작 등 관련 직업을 탐색한다.

  − 선배와의 만남: 게임 분야에서 일하는 선배와 만난다.

- 구체적 계획: 꿈을 이루는 데 필요한 공부를 계획한다.
- 단계적 목표: 가까운 미래부터 시작하는 단계적 목표를 정한다.

변화

4개월 후 지훈이는 게임 개발자라는 꿈을 갖게 되었다. 그리고 이 꿈을 이루기 위해 수학과 영어, 프로그래밍을 공부하기 시작했다. 성적도 조금씩 올랐고 무엇보다 스스로 공부하려는 의지가 생겼다. 이처럼 지훈이의 학습 코드는 외재적 동기에서 내재적 동기로 전환되었다. 지훈이 아버지는 "아이가 공부에 대한 이유를 찾으니까 완전히 달라졌어요. 어떤 때는 저희 부부가 좀 쉬라고 할 정도예요"라고 말했다.

17

학습 문제에 대한 성장변화법

뇌과학에 따르면, 아이의 뇌가 가진 고유한 특성을 이해한 뒤 맞춤 학습 전략을 적용하는 것이 중요하다. 뇌기반종합검사를 통해 아이의 인지적 특성을 정확히 진단하고, 그에 맞는 성장변화법을 적용하여 놀라운 변화를 경험한 실제 사례를 소개한다. 뇌가 정보를 처리하는 방식의 차이 때문에 학습에 어려움을 겪었던 아이들이 사례의 주인공이다. 이들은 뇌에 맞는 최적의 학습법을 찾고 나서 한층 성장했다.

CASE 1.

뇌 사용법을 바꾸자 학습 효율과 성적이 껑충

백민호, 15세(중2), 남

검사 항목: 웩슬러지능검사, 기질성격검사, 뇌기반종합학습심리검사

문제

민호는 평소 학습에 대한 의욕이 높았고 수업에도 성실하게 참여하는 학생이었다. 하지만 시험이나 수행평가를 치를 때마다 늘 시간이 부족하다고 호소했고, 특히 긴 지문을 읽거나 복잡한 문제를 풀어야 하는 과목에서 어려움을 겪었다. 수학 문제를 풀다가 중간 계산을 놓치거나, 국어나 사회 지문을 읽으면서 앞 내용을 잊어버려 전체적인 흐름을 놓치는 일이 반복되었다.

민호의 부모는 걱정스러워했다. 집에서 공부하는 모습을 보면 분명히 열심히 하는데, 결과가 노력에 비례하지 않는 것 같았다. "머리가 나쁜 것 같지는 않은데, 무언가 자꾸 놓치고 빠뜨리네요"라며 걱정했다. 사실 민호에게는 자기만의 학습 코드가 있었지만, 현재 학습 방식이 그 학습 코드와 잘 맞지 않았던 것이다.

뇌과학적 관점에서 본 아이의 특성

- WISC-V 검사 결과

지표	점수	해석
전체IQ(FSIQ)	108점	평균 상위 수준
언어이해(VCI)	115점	우수한 언어적 개념 형성과 추론 능력
시공간(VSI)	120점	우수한 시각적 정보 분석 및 공간 관계 파악 능력
유동추론(FRI)	120점	우수한 논리적 사고력과 새로운 문제 해결 능력
작업기억(WMI)	85점	정보를 일시적으로 보유하고 조작하는 능력이 상대적으로 약함
처리속도(PSI)	75점	제한된 시간 내 단순 인지 과제를 빠르게 처리하는 능력이 약함

❖ 웩슬러 검사 결과는 실제 사례 점수를 기반으로 이해를 돕기 위해 재구성되었음을 알려드립니다.

검사 결과에 따르면, 민호의 뇌는 깊이 있는 사고와 복잡한 추론에 매우 뛰어난 능력을 보였다. 하지만 정보를 임시로 저장하고 빠르게 처리하는 시스템에는 다른 접근이 필요한 상태였다. 이는 민호의 고유한 학습 코드가 깊이 있는 사고와 복잡한 추론에 특화되어 있음을 의미했다. 구체적으로는 다음처럼 해석할 수 있다.

- 작업 기억과 전전두엽 네트워크의 특성: 작업 기억은 뇌의 메모장과 같다. 지금 당장 필요한 정보를 잠시 저장해서 필요한 순간까지 유지하게 해준다. 작업 기억은 전전두엽과 후두정피질이 상호

연결된 네트워크가 지원한다. 민호는 이 네트워크에서 정보를 동시에 여러 개 다루어야 하는 상황에서 일부 정보가 사라지는 현상이 나타났다. 민호의 학습 코드가 순차적이고 깊이 있는 정보 처리를 선호하는 특성이 있기 때문이다. 전전두엽은 작업 기억, 집중력, 실행 기능을 담당하는데, 이 영역이 고차원적 추론은 잘하지만 임시 정보 저장에서는 용량의 제한을 보였다.

- 처리 속도와 신경 효율성: 처리 속도는 뇌가 정보를 얼마나 빠르게 처리하느냐와 관련이 있다. 민호의 뇌는 정확하고 깊이 있게 처리하는 데 특화되어 있으나, 빠른 속도로 여러 과제를 처리하는 것에는 다른 전략이 필요했다. 민호의 학습 코드가 정확성과 깊이를 우선시하는 방식으로 구성되어 있어서다. 이는 신경 효율성의 개별 차로, 같은 과제를 수행할 때 민호의 뇌는 다른 아이의 뇌보다 더 많은 신경 자원을 동원하기에 상대적으로 더 많은 시간을 필요로 했다.

학년이 올라가면서 과목 수와 학습 분량이 늘고, 서술형 평가나 수행평가처럼 복합적인 사고와 정보 조작이 요구되는 과제가 많아지자 민호는 더욱 부담을 느꼈다. 단순히 학습량이 부족하거나 과제의 난도가 높아서가 아니었다. 민호의 학습 코드와 정보를 처리하는 고유한 특성, 현재 요구되는 과제 사이의 불일치가 주된 원인이었다.

성장변화법

민호의 뇌가 정보를 처리하는 특성과 고유한 학습 코드를 고려하여 부담을 최소화하고 학습 효율을 극대화하는 3가지 전략을 제시했다.

- 정보 묶기와 외부 기억 장치 활용: 학습 내용을 의미 단위로 나누어 정리하는 방법을 적용했다. 이것은 민호의 학습 코드가 선호하는 순차적이고 체계적인 정보 처리 방식에 맞춘 전략이었다. 그리고 긴 지문은 핵심 개념별로 색깔이나 도식으로 구분하여 시각적으로 정리하고, 주요 단어는 플래시 카드로 반복해서 확인할 수 있도록 했다. 이로써 뇌의 작업 기억에 가해지는 부담을 외부 도구로 분산시켰다. 전전두엽-두정엽 네트워크의 전략적 재코딩 능력을 활용하여 정보를 청킹Chunking하는 방식으로 접근했다.

- 디지털 앱 활용: 작업 기억을 강화하기 위해 디지털 훈련 앱을 활용해 주 3회, 15분씩 체계적인 훈련을 진행했다. 숫자 순서 맞추기나 단어 역순 배열 같은 과제를 수행하면서, 뇌 가소성의 원리에 따라 과제 수행 속도와 정확도가 점차 향상되는 것을 확인할 수 있었다. 이 과정에서 민호의 학습 코드도 점차 다중 정보 처리에 적응할 수 있도록 재구성되었다. 뇌 가소성은 뇌가 경험으로 인해 변화하고 새로운 연결을 형성하는 능력이다. 뇌과학 연구에

따르면 작업 기억의 용량은 훈련으로 늘어날 수 있으며, 이때 전전두엽과 두정엽의 연결성이 강화된다.

- 처리 속도 향상을 위한 일상 루틴 구축: 매일 10분씩 짧은 독해 연습이나 연산 문제를 푸는 루틴을 만들어 실천했다. 제한된 시간 안에 정확히 문제를 해결하는 경험으로 뇌의 반응 속도를 높이고, 시간 압박 상황에서 긴장을 조절하는 능력을 기르며, 속도와 정확성을 균형 있게 처리하게 훈련했다. 이 훈련은 뇌의 울트라디안 리듬을 고려하여 집중력이 높은 시간대에 맞추어 실시했다. 뇌에는 울트라디안 리듬이라는 집중과 휴식의 리듬이 존재하며, 일반적으로 90~120분을 주기로 각성과 이완이 반복된다. 일련의 과정에서 민호의 학습 코드가 속도와 정확성을 모두 고려하는 방향으로 개선되었다.

변화

6주간 성장변화법을 꾸준히 실천한 결과, 민호는 스스로 변화를 체감하기 시작했다. 무엇보다 자신의 학습 코드가 어떻게 작동하는지 이해하면서 학습에 대한 자신감이 생겼다 "예전엔 시간에 쫓겨 문제를 다 풀지 못했는데, 이제는 시간 안에 과제를 마무리할 수 있어요"라며 놀라워했다. 수업에 집중하는 시간도 길어졌고, 수업 내용이 머릿속에 더 오래 남는다고도 했다.

이 같은 변화는 문제를 정확히 파악하고 민호의 학습 코드에 맞는 전략을 구사한 결과였다. 특히 뇌 사용 방식을 바꾸었기에 근본적인 개선이 가능했다.

가장 인상적인 변화는 민호의 학습 태도였다. 무작정 '오래, 열심히' 하려던 이전과 달리, 자신의 학습 코드가 어떤 방식으로 작동하는지를 이해하기 시작했다. "전에는 문제를 읽다 보면 앞에 뭐라고 나왔는지 잊어버려서 힘들었는데, 지금은 머릿속에 좀 더 오래 남아요"라는 민호의 말에서 학습 감각의 변화를 확인할 수 있었다. 더 나아가 민호는 자신의 약점을 피하지 않고 마주하며, 자신의 학습 코드를 조절하는 방법을 스스로 실천하는 주도적인 학습자로 성장했다. 이 경험은 학업 성적 향상을 넘어, 자신의 강점과 약점을 구체적으로 파악하고 변화가 가능하다는 믿음을 회복하는 밑거름이 되었다.

성공적인 학습 경험은 민호의 자신감을 자연스럽게 회복시켰다. 노력이 눈에 보이는 결과로 나타나자 민호는 깊은 만족감과 보람을 느꼈고, 새로운 도전에 대한 강력한 동기도 품게 되었다. 민호는 놀랍게도 공부를 더 하고 싶은 마음이 저절로 든다고 했다.

민호의 사례는 학습의 양보다는 질이 중요함을 보여준다. 개인의 학습 코드를 이해하고 그에 맞는 전략을 실천하는 것이 학습 효율을 결정한다. 민호는 앞으로 어떤 상황에 놓이더라도 자신만의 학습 코드와 리듬을 이해하고 조절할 수 있는 방향 감각을 갖추게 되었다.

CASE 2.
감정을 다스리면 집중력이 폭발한다
이지우, 14세(중1), 여

검사 항목: 웩슬러지능검사, 기질성격검사, 종합학습심리검사

문제

지우는 학습 자체에 거부감은 없었지만, 과제를 하거나 시험 준비를 할 때 쉽게 흐트러지고 집중하지 못했다. 한 가지 활동을 시작한 지 얼마 되지 않아 딴생각을 하거나 휴대폰을 만지기 일쑤였다. 공부는 시작했지만 금세 지루함을 느껴 책상 앞에 오래 앉아 있지 못했다.

지우의 부모는 걱정스러워했다. "아이가 성격은 느긋하고 말도 잘하는데, 할 일을 빨리 처리하지 못해 늘 쫓기는 편이에요"라고 했다. 아이는 분명히 똑똑한 것 같은데 그만한 결과가 따라오지 않는 상황이 반복되었다.

지우에게는 분명 고유한 학습 코드가 있었지만, 상대적으로 느린 처리 속도가 제한 요소가 되어 다른 우수한 인지 능력들의 발현을 막고 있었다. 마치 리비히의 최소량의 법칙에서 가장 부족한 영양소가 식물 전체의 성장을 좌우하듯, 하나의

제약이 지우의 다른 뛰어난 능력들이 조화롭게 작동하는 것을 방해하고 있었다.

뇌과학적 관점에서 본 아이의 특성

- WISC-V 검사 결과

지표	점수	해석
전체IQ(FSIQ)	118점	우수 범위. 전반적인 지적 능력 상위 10퍼센트 내외
언어이해(VCI)	125점	매우 우수. 언어 개념 형성 및 추론 능력 우수
시공간(VSI)	110점	평균 상. 시각적 구성 및 공간 관계 분석 능력 우수
유동추론(FRI)	115점	우수. 귀납적·연역적 비언어 추론 능력 뛰어남
작업기억(WMI)	120점	우수. 정보의 일시적 유지 및 조작 능력 우수
처리속도(PSI)	80점	경계선. 시각 정보의 빠른 탐색 및 변별 능력 현저히 낮음

❖ 웩슬러 검사 결과는 실제 사례 점수를 기반으로 이해를 돕기 위해 재구성되었음을 알려드립니다.

검사 결과에 따르면, 지우의 뇌는 고차원적 사고와 복잡한 정보 처리에 뛰어났다. 하지만 빠른 자동화 처리와 지속적 주의 유지 시스템에서는 다른 접근이 필요한 상태였다. 즉 지우의 학습 코드가 깊이 있는 사고에 특화되어 속도나 지속성 면에서는 별도의 전략을 사용해야 했다. 구체적으로는 다음처럼 해석할 수 있다.

- 처리 속도와 주의 네트워크의 특성: 처리 속도의 저하는 속도 문제를 넘어, 뇌의 주의 네트워크와 실행 기능에까지 영향을 미친다. 처리 속도는 전전두엽의 실행 기능, 뇌간의 각성 조절 기능, 그리고 대뇌피질 간의 신경 전달 효율성과 밀접하게 연관되어 있다. 지우는 이 시스템에서 뇌의 정보 처리 효율성이 상대적으로 낮아서 외부 자극을 빠르게 받아들이고 반응하는 데 더 오랜 시간이 걸렸다. 이것은 개별적인 뇌 발달 패턴의 차이로, 일부 아이는 속도보다 정확성에 특화된 신경 회로를 갖고 있다. 이런 아이에게는 시간적 여유와 안정적인 환경이 제공될 때 탁월한 성과를 낼 수 있는 잠재력이 있다.

- 집중력과 울트라디안 리듬: 집중력은 일정하지 않다. 지우처럼 처리 속도가 느린 경우, 울트라디안 리듬이 더욱 민감하게 작용하여 짧은 시간 집중해도 인지적 피로를 쉽게 느낀다. 지우의 변화성장법 처방에는 이런 학습 코드의 특성을 반영한 자연스러운 리듬을 활용한 접근이 필요했다.

- 변연계와 전전두엽의 상호 작용: 지우가 과제를 수행할 때 주의력 유지에 어려움을 겪는 것은 감정을 담당하는 변연계와 실행 기능을 담당하는 전전두엽 간의 상호 작용과 관련이 있었다. 처리 속도가 느린 아이는 과제 수행 시 더 많은 인지적 자원을 동원해야

하므로 쉽게 피로감을 느끼고, 이때 발생하는 좌절감이나 불안감이 변연계를 활성화한다. 활성화된 변연계는 전전두엽의 실행 기능을 억제하여 집중력 저하와 주의 분산을 일으킨다. 자신의 느린 처리 속도에 대해 지우가 느끼는 스트레스가 이 악순환을 지속시키는 것으로 분석되었다. 따라서 지우의 학습 코드가 원활하게 작동하려면 먼저 정서적 안정감을 확보하여 변연계의 과활성화를 줄여야 했다.

아이가 공부할 때 부모는 뇌의 고유한 리듬과 개별적인 학습 코드를 고려해주어야 한다. 그렇지 않고 일반적인 공부 방식을 요구하면 아이는 금세 탈진하거나 자기 효능감을 잃기 쉽다. 더구나 성과가 나오지 않으니 더 좌절하고 더 스트레스를 받아서 뇌 기능이 더 저하되는 악순환이 거듭될 수 있어 주의가 필요하다.

변화성장법

지우에게는 자기 속도를 인정하면서 점진적으로 효율을 높이는 절차 만들기가 필요했다. 여기서 핵심은 지우의 학습 코드가 제대로 작동할 수 있는 환경 조성이었다. 이에 4가지 전략을 제시했다.

- 시간 블록 학습법을 통한 인지 부하 관리: 지우의 처리 속도 특성

에 맞추어 25분 집중하고 5분 쉬도록 했다. 긴 시간 학습 대신 짧고 집중된 시간 안에 몰입을 유도해 지우의 주의 지속 능력에 맞는 최적의 학습 시간을 찾아갔다. 지우는 처음에 25분조차 온전히 집중하지 못해서 10분 집중하기부터 시작했다. 쉬는 시간에는 반드시 자리에서 일어나 간단한 스트레칭을 하거나 물을 마시도록 안내하여 뇌의 재정비 시간을 확보했다.

- 전환 루틴을 통한 실행 기능 강화: 과제 전환 시 정신적 재정비를 돕기 위해 전환 루틴을 만들었다. 지우의 학습 코드가 안정적인 환경에서 더 잘 작동하는 특성을 고려한 것이다. 한 과제를 마친 후에는 짧은 호흡 명상이나 시각 전환 활동을 수행하고, 다음 과제의 목표를 스스로 정리하게 했다. 이 루틴은 전전두엽의 실행 기능을 체계적으로 훈련하는 동시에, 과제 전환으로 인한 인지적 부담을 줄여주었다.

- 처리 속도 향상을 위한 체계적 훈련: 매일 10분간 반응 속도 게임, 간단한 연산 및 독해 훈련을 진행하며 뇌의 자동 반응 체계를 자극했다. 이는 뇌 가소성의 원리를 활용한 접근으로, 꾸준한 자극을 주면 신경 전달 속도가 높아져 처리 속도 또한 빨라진다. 이렇듯 반복적인 훈련으로 지우의 학습 코드를 점진적으로 향상시키는 전략을 활용했다.

- 변연계 안정화를 위한 자기 인식 틀 바꾸기: 지우는 자신의 느린 처리 속도를 자책하며 부정적 자기 언어에 빠질 때가 많았다. 이러한 감정 상태는 지우의 본래 학습 코드가 제대로 발휘되지 못하게 만드는 주요 방해 요소였다. 이에 지우의 속도를 있는 그대로 인정해주고, '깊이 있게 생각하는 힘이 진짜 힘'이라는 관점으로 자기 인식의 틀을 바꾸는 데 집중했다. 그리고 긍정적인 자기 언어를 반복함으로써 뇌의 감정 회로가 안정되도록 유도했다.

변화

8주간의 노력 끝에 지우는 눈에 띄게 달라졌다. 가장 중요한 변화는 지우의 학습 코드가 본래의 잠재력을 발휘하기 시작한 것이다. 처음에는 10분도 집중하기 어려워했지만, 어느새 25분을 연속으로 집중할 수 있게 되었다. 과제 전환 시에도 불안해하지 않고 스스로 만든 루틴을 따르는 모습을 보였다.

가장 큰 변화는 자신에 대한 믿음의 회복이었다. 지우는 "이제 공부가 그렇게 버겁게 느껴지지 않아요. 내가 할 수 있다는 느낌이 들어요"라고 말할 만큼 학습에 대한 자신감을 되찾았다. 이는 변연계가 안정화되면서 학습 코드가 원활하게 작동한 결과였다.

지우의 학습 패턴도 근본적으로 변했다. 예전에는 공부를 시작했다가도 금세 흐트러졌으나, 학습 코드에 맞는 리듬을 찾고 나서는 안정되게 꾸준히 학습했다. 무엇보다 자신의 뇌 특성을 이해하고 그에 맞는 방법을 스스로 찾아가는 주도적인 행동을 했다.

지우의 사례는 학습에서 '빠른 속도'보다 '안정된 흐름'이 훨씬 중요하다는 사실을 보여준다. 뇌의 처리 속도는 그저 지적 능력의 문제가 아니라, 학습과 관련된 감정, 동기, 행동의 흐름과 깊이 연결되어 있다. 뇌과학적으로 감정을 처리하는 변연계가 활성화되면 고등 인지 기능을 담당하는 피질 영역의 활동이 억제된다. 자신의 뇌 특성과 학습 코드를 이해하고 이를 조절하는 방법을 익히면 인지 처리 과정의 효율이 월등히 높아진다. 그리고 변연계가 안정된다. 감정적으로 안정되어야 뇌는 비로소 학습에 온전히 집중할 수 있다.

지우에게 변화성장법을 실천하는 과정은 단순히 공부 방식을 바꾸는 과정이 아니었다. 자신을 긍정적으로 바라보고 꾸준히 성장해 나가는 삶의 태도를 배우는 과정이었다. 지우는 이 과정에서 앞으로 어떤 상황에 놓이더라도 자신만의 학습 코드를 이해하고 학습 리듬을 조절하는 역량을 키웠다.

CASE 3.
보는 공부법으로 듣기 장벽을 뛰어넘다
정서연, 13세(초6), 여

검사 항목: 웩슬러지능검사, 기질성격검사, 종합학습심리검사

문제

서연이는 교과 내용을 잘 이해하고 싶어 하는 의욕은 강했지만, 수업 내용을 듣고 이해하는 데 어려움을 느꼈다. 특히 선생님의 설명을 들은 후에도 무슨 말인지 헷갈릴 때가 많고, 다른 친구들보다 받아적는 속도나 이해 속도가 느렸다.

서연이의 부모는 걱정스러워했다. "아이가 수업은 열심히 듣는데 나중에 보면 내용을 잘 모르겠다고 하더라고요. 집에서 복습하면 그제야 정리가 되는 것 같아요"라며 염려했다. 분명히 똑똑한 면이 있는 아이인데 왜 수업 시간에 이해를 못 하는 걸까? 사실 서연이에게는 고유한 학습 코드가 있었지만, 청각 중심의 수업 환경이 그 학습 코드와 맞지 않았다.

뇌과학적 관점에서 본 아이의 특성

- WISC-V 검사 결과

지표	점수	해석
전체IQ(FSIQ)	109점(추정)	평균 범위의 전반적인 인지 능력
언어이해(VCI)	95점	평균 수준의 언어 개념 이해 및 추론 능력
시공간(VSI)	125점	매우 우수. 시각적 정보 처리 및 공간 관계 분석 능력
유동추론(FRI)	110점	평균 상. 새로운 정보 이해 및 비언어적 추론 능력
작업기억(WMI)	105점	평균 수준의 정보 유지 및 조작 능력
처리속도(PSI)	115점	우수. 시각 정보의 빠르고 정확한 탐색 및 변별 능력

❖ 웩슬러 검사 결과는 실제 사례 점수를 기반으로 이해를 돕기 위해 재구성되었음을 알려드립니다.

검사 결과에 따르면, 서연이의 뇌는 시각적 정보 처리 경로는 매우 효율적이지만, 청각적 정보 처리 경로에서는 다른 접근이 필요한 상태였다. 서연이의 학습 코드는 시각적 정보 처리에 특화되어 있었다.

- 이중 처리 경로의 불균형: 뇌는 정보를 처리할 때 여러 경로를 동시에 사용한다. 시각 정보는 후두엽에서 시작하여 두정엽과 측두엽으로 나뉘어 처리되고, 청각 정보는 측두엽의 청각피질에서 시작하여 언어의 이해를 담당하는 베르니케 영역과 브로카 영역으로 전달된다. 서연이는 시각 처리 경로가 매우 발달한 데 비해, 청

각-언어 처리 경로에서는 정보 전달과 통합에 더 많은 시간과 노력이 필요한 특성이 나타났다. 이는 서연이의 학습 코드가 시각적 경로를 주요 채널로 사용하도록 구성되어 있기 때문이다.

- 좌측 측두엽의 언어 처리 특성: 언어이해지수가 상대적으로 낮다는 것은 좌측 측두엽의 언어 처리 기능에서 개별적 특성을 보인다는 의미다. 이것은 결함은 아니며, 서연이의 학습 코드가 정보를 처리하는 고유한 방식에 차이가 있음을 의미한다. 즉, 서연이의 뇌는 시각적 정보를 빠르고 정확하게 처리하는 데 특화되어 청각으로 들어오는 복잡한 언어 정보를 실시간으로 처리하고 이해할 때 더 많은 인지적 자원을 필요로 했다.

- 작업 기억과 감각 통합: 작업기억지수가 105점으로 안정적이지만 서연이는 청각적 정보에서 혼란을 겪었다. 서연이의 학습 코드는 시각적 정보 처리 경로가 우세하고 청각적 정보 처리 경로가 상대적으로 약한 불균형적 특성이 있어서다. 뇌의 작업 기억은 전전두엽의 실행 기능, 좌측 측두엽의 언어 처리 기능, 그리고 뇌간의 각성 조절 기능이 복합적으로 작용하는 결과다. 서연이는 청각적 정보가 들어올 때 이 시스템 간에 협조가 원활하지 않은 것으로 볼 수 있다.

서연이는 시각적 자극에는 민감하고 빠르게 반응하지만, 소리로 전달되는 정보, 특히 수업 시간의 구두 설명이나 질문에서는 정보를 놓치거나 잘못 이해하는 경우가 많았다. 한마디로 서연이의 어려움은 서연이의 학습 코드가 가진 시각적 강점이 청각 중심의 수업 환경에서 충분히 발휘되지 못한 데서 비롯되었다.

변화성장법

서연이의 인지 특성과 학습 코드에 맞추어 청각적 정보의 처리 부담을 줄이고 시각적 강점을 강화하는 전략이 필요했다. 이에 3가지 전략을 제시했다.

- 시각화된 노트 정리법으로 감각 경로 전환: 수업 중 들은 내용을 단어가 아닌 그림, 기호, 간단한 도식으로 표현하도록 지도했다. 서연이의 학습 코드의 강점인 시각적 정보 처리 방식을 적극 활용한 전략이었다. '귀로 들은 것'을 '눈으로 볼 수 있는 것'으로 전환하는 훈련을 했다. 예를 들어, 선생님의 설명 중 '원인-결과 구조'는 화살표 도식으로, '비교 설명'은 표 형태로 재구성하게 했다. 이로써 서연이의 우수한 시지각 추론 능력을 활용하여 약한 청각 처리 경로를 보완했다. 시각피질의 정보 처리가 우세한 아이에게는 이처럼 도식화나 마인드맵을 활용한 학습이 매우 효과적이다.

- 청각 자극 적응을 위한 뇌 가소성 활용: 음성 정보에 대한 주의 집중력을 높이기 위해 간단한 명령어 따라 하기, 구두로 들은 지시를 기억하고 재현하기, 이야기를 듣고 중심 문장 말하기 등의 활동을 진행했다. 서연이의 학습 코드에서 상대적으로 약한 청각 처리 부분을 강화하는 과정이었다. 이런 활동을 정기적이고 반복적으로 하면 좌측 측두엽의 언어 처리 기능이 점진적으로 향상된다. 뇌의 가소성을 고려할 때, 부족한 영역은 적절한 자극과 훈련으로 충분히 발달시킬 수 있다.

- 다중 감각 학습법을 통한 뇌 네트워크 통합: 설명을 듣기만 하는 것보다는 보면서, 쓰면서, 움직이면서 학습하면 이해도 기억도 훨씬 더 잘된다. 시각, 청각, 운동 감각을 함께 사용하면 뇌의 여러 네트워크가 협력하여 학습 효과가 극대화된다. 서연이도 이렇게 학습할 때 학습 코드가 더욱 효과적으로 작동했다. 그래서 과학 개념을 배울 때는 유튜브 애니메이션을 보며 개념을 그림으로 정리하고, 중요한 단어는 직접 써보거나 색연필로 꾸며가며 복습했다. 한마디로 여러 뇌 영역을 동시에 활성화하여 정보의 저장과 인출을 더욱 효과적으로 만드는 전략을 구사했다.

변화

변화는 서서히 시작되었다. 처음에 서연이는 수업 중에 자기 혼자만 이해가 느리다며 위축되었으나, 시각화된 노트를 보며 복습하는 루틴을 만들면서 자신의 학습 코드가 어떻게 작동하는지 이해하기 시작했다. 그러면서 '나는 눈으로 보면 훨씬 잘 이해해'라는 자기 인식을 형성했다. 서연이는 선생님의 설명을 놓쳤을 때도 당황하지 않고, 수업 후 친구의 필기를 보며 자신만의 방법으로 노트를 정리했다.

무엇보다 인상적인 변화는 서연이의 자기 이해였다. 서연이는 "전 듣는 것보다 보는 게 더 편해요. 그래서 선생님 말씀을 들을 때 머릿속에 그림을 그려요"라고 말하기에 이르렀다.

물론 서연이의 청각 정보 처리의 어려움이 완전히 해소된 것은 아니다. 하지만 이제 자신의 학습 코드가 어떤 방식으로 정보를 더 잘 받아들이는지 알기 때문에 이를 활용해 학습의 주도권을 확보해 나가고 있다. 그뿐 아니라 자신의 강점을 인식하고 활용하는 능력을 기르면서 학습에 대한 자신감과 즐거움을 되찾았다.

서연이의 사례는 학습에서 어려움을 겪는 원인이 부족한 능력이 아니라 학습 코드와 학습 환경의 불일치일 수 있음을 알려준다. 우리의 교육 환경은 청각적 자극에 크게 의존하도록 설계되어 있다. 선생님이 언어로 지식을 전달하며, 여러 정보가 압축적으로 짧은 시간 안에 학생들에게 전달된다. 하지만 의외로 많은 학생이 주된 학습 코드의 정보 처리 방식이 학습 환경에 맞지 않아 어려움을 겪는다.

학습의 초기 단계인 감각 입력 단계에서 생기는 이와 같은 어려움은 아이가 자각하기 매우 어렵다. 초기 단계의 오류는 그다음 정보 처리나 연산, 출력 단계까지 영향을 미친다. 개인의 학습 코드가 학습 환경에 맞지 않으면 성취가 떨어지기 마련이다. 이러한 불일치감은 짜증, 학습에 대한 흥미 저하, 불안, 자기 비하 등의 정서적 문제로까지 이어질 수 있다.

하지만 정서적 문제를 겪는 아이 대부분이 그 원인을 제대로 진단받지 못한 채 그저 '느린 학습자' 혹은 '학습에 흥미가 없는 아이'로 여겨진다. 따라서 부모는 뇌의 학습 시스템인 학습 코드가 사람마다 다르다는 사실에 주목해야 한다. 그 점을 이해하고 특성에 맞는 전략을 제공할 때 아이는 학습 측면에서 더 나은 결과를 보여주며 훨씬 더 깊이 있고 안정적으로 성장한다. 앞으로 어떤 상황에 놓이더라도 자신의 학습 코드에 맞는 자신만의 방식으로 학습하고 이를 활용할 수 있는 지혜를 갖추게 된 서연이처럼 말이다.

CASE 4.
초등 우등생의 중1 슬럼프, 일상 루틴으로 극복!

조유나, 14세(중1), 여

검사 항목: 웩슬러지능검사, 기질성격검사, 종합학습심리검사

문제

유나는 초등학교 시절 내내 공부를 잘하는 아이로 통했다. 그러다 중학교에 진학하고 나서 성적이 떨어져 상담실을 찾았다. 초등학교 때 유나는 학원에 다니지도 않고 집에서 오래 공부하지도 않았지만 우수한 성적을 거두었다. 선생님들은 "공부 머리가 있다"라고 평했고, 친구들은 "유나는 공부를 안 해도 성적이 잘 나온다"라고 말했다. 어떻게 그럴 수 있었을까? 여러 이야기를 들어보니 당시 유나는 우연히도 자신의 학습 코드를 최적화하는 일상 루틴을 실천하고 있었다. '짧고 반복적인 복습, 충분한 수면, 유산소 운동, 감정적 안정' 등 뇌과학 기반의 학습 원리를 자연스럽게 실천하고 있었다.

유나는 매일 밤 10시 전에 잠들었고, 아침 6시에 일어나 여유롭게 하루를 시작했다. 학교 수업 시간에는 집중하여 핵심 개념을 이해했고, 쉬는 시간이나 하교 후에는 그날 배운 내

용을 간단히 복습하며 장기 기억으로 연결했다. 무엇보다도 유나는 춤추는 것을 좋아했다. 중간중간 음악을 틀고 춤추며 스트레스를 풀고, 뇌에 산소를 공급해주는 유산소 활동으로 뇌의 각성과 집중력을 자연스럽게 유지했다.

그런데 중학교에 진학하면서 생활이 달라졌다. 과목 수가 늘고, 친구들이 학원에 다니며 경쟁하는 분위기가 되었다. 불안해진 유나는 잠과 춤을 줄이고 밤늦게까지 공부하기 시작했다. 그러자 수업 때 집중력이 떨어졌고, 이를 보충하기 위해 복습에 많은 시간을 써야 했다. 예습-집중-복습으로 이어지던 흐름이 깨지면서 유나는 모든 과목이 벅차게 느껴졌고 자꾸 뒤처진다는 생각이 들었다.

뇌과학적 관점에서 본 아이의 특성

- WISC-V 검사 결과

지표	점수	해석
전체IQ(FSIQ)	113점	평균 상 범위의 전반적인 인지 능력
언어이해(VCI)	120점	우수. 언어적 개념 이해 및 추론 능력 우수
시공간(VSI)	125점	매우 우수. 시각적 정보 처리 및 공간 관계 분석 능력 뛰어남
유동추론(FRI)	100점	평균 수준. 새로운 정보를 이해하고 규칙을 찾는 능력

작업기억(WMI)	105점	평균 수준. 정보를 일시적으로 유지하고 조작하는 능력
처리속도(PSI)	95점	평균 수준. 시각 정보의 빠르고 정확한 탐색 및 변별 능력

❖ 웩슬러 검사 결과는 실제 사례 점수를 기반으로 이해를 돕기 위해 재구성되었음을 알려드립니다.

유나의 일상 루틴을 분석한 결과, 학습 코드를 효율적으로 작동시켜 뇌의 효율성을 높여주던 핵심 습관이 거의 사라져 있었다. 이것이 학습 효율 저하의 가장 큰 원인이었다. 뇌과학적 관점에서 이 상황을 해석하면, 유나는 기본적인 인지 능력은 우수하지만 뇌의 최적 작동 조건이 성립하지 않게 되어 전반적인 학습 효율이 저하된 상태였다.

- 수면과 장기 기억으로 저장되는 시스템: 학습 후 질 높은 수면은 유나의 학습 코드가 제대로 작동하는 데 필수다. 새로운 정보는 주로 수면 중에 단기 기억에서 장기 기억으로 저장되며, 해마에서 대뇌피질로의 기억 공고화가 이루어진다. 유나가 밤늦게 공부하면서 수면 시간을 줄인 것은 이 중요한 과정을 방해했다. 수면이 부족하면 기억 회로가 불안정해져 학습 효과가 떨어지고, 다음 날 수업 집중력도 현저히 감소한다.

- 스트레스와 전전두엽 기능: 경쟁적인 환경에서 느끼는 불안과 스트레스는 코르티솔 분비를 증가시킨다. 이 스트레스 호르몬은 유나의 학습 코드에서 중추적인 역할을 하는 해마와 전전두엽에 직접적인 영향을 미친다. 전전두엽은 작업 기억, 집중력, 실행 기능을 담당하는데 스트레스를 오랫동안 받으면 기능이 저하된다. 유나의 작업기억지수와 처리속도지수가 상대적으로 낮게 나온 것은 스트레스의 영향으로 해석할 수 있다.

- 운동과 뇌 가소성의 관계: 유나가 좋아했던 춤과 같은 유산소 운동은 학습 코드를 활성화해주었다. 운동은 뇌유래신경영양인자의 분비를 증가시켜 뇌 가소성을 높이고, 뇌의 혈류와 산소 공급을 개선한다. 또한 도파민과 세로토닌 같은 신경전달물질의 균형을 맞추어 집중력과 기분을 안정시킨다. 유나가 춤추기를 중단했다는 것은 이러한 뇌 최적화 시스템이 작동하지 않게 되었음을 뜻한다.

- 예습-집중-복습 사이클: 유나가 초등학교 때 자연스럽게 실천했던 학습 패턴은 유나의 학습 코드와 뇌의 기억 형성 과정과 완벽하게 일치했다. 수업 전 간단한 예습은 뇌에 스키마를 형성하고, 수업 중 집중은 새로운 정보를 효과적으로 받아들이며, 당일 복습은 기억 공고화를 돕는다. 이 자연스러운 흐름이 끊기면서 모든

과목이 벅차게 느껴지고 학습 효율이 급격히 떨어지고 말았다.

변화성장법

가장 먼저 나는 유나에게 뇌가 작동하기 좋은 리듬을 잃어버린 것이 성적이 떨어진 원인이라고 알려주었다. "유나의 뇌와 학습 코드는 잘 작동하고 있지만, 그것을 켜는 스위치였던 루틴이 사라진 게 문제"라고 이야기한 뒤에 루틴 회복을 위한 계획을 제안했다.

이때 유나는 몇 가지 질문을 했다. "선생님이 말씀하신 시간에 잠자면 다른 애들보다 뒤처지지 않을까요? 춤추는 게 정말 공부에 도움이 되나요?" 이에 나는 유나의 학습 코드, 뇌의 리듬과 작동 방식을 알려주고, '오래, 많이' 공부하는 것이 반드시 좋은 결과를 보장하지는 않는다고 설명했다. 그리고 다음과 같은 뇌과학적 정보도 가르쳐주었다.

- **수면을 통한 기억 회로 최적화**: 기억을 저장하고, 집중력을 유지하며, 정서를 안정시키는 수면은 유나의 학습 코드가 제대로 작동하는 데 중요한 역할을 한다는 사실을 알려주었다. 뇌는 깨어 있는 동안 입수한 정보를 수면 중에 정리하고 장기 기억으로 전환한다. 그래서 충분히 자고 난 다음 날은 학습 효과가 높아지며, 반대로 수면이 부족하면 전날 학습한 내용이 제대로 저장되지 않는다.

- 운동을 통한 뇌 기능 활성화: 유산소 운동은 유나의 학습 코드를 활성화하는 데 긍정적 영향을 미친다는 점을 알려주었다. 구체적으로 뇌의 혈류를 개선하고, 집중력을 높이는 신경전달물질을 분비시키며, 스트레스 호르몬을 조절한다. 즉, 유나가 좋아하는 춤은 뇌 기능을 최적화하는 과학적 도구인 셈이다.

- 감정 안정과 전전두엽 기능 회복: 유나에게 불안과 스트레스가 전전두엽 기능에 미치는 부정적 영향을 설명하고, 감정적 여유가 학습 코드가 원활하게 작동하는 데 필수임을 강조했다. 변연계가 안정되어야 인지적 기능이 제대로 발휘되는 뇌의 구조적 특성도 알려주었다.

유나는 자신의 학습 코드를 다시 활성화하기 위한 루틴 회복 계획을 실천해나갔다. 초등학교 때처럼 밤 10시에 자고 아침 6시에 일어나는 리듬을 회복하여 여유롭게 하루를 시작했다. 또한 공부하는 중간중간 음악을 틀고 짧게 춤을 추었다. 수업 시간에는 최대한 집중하고, 집에서는 복습 위주로 정리하는 방식으로 공부의 흐름을 되돌렸다.

변화

 루틴을 되돌린 지 한 달이 채 지나지 않았을 무렵, 유나는 학습 코드가 다시 원활하게 작동하기 시작하여 학습이 흐름을 타는 것을 느꼈다. 수업 이해도가 높아지자 복습 시간이 자연스럽게 줄었고, 자신감이 회복되어 불안감도 눈에 띄게 낮아졌다. 가장 극적인 변화는 학습 효율이었다. 충분한 수면으로 전날 학습한 내용이 장기 기억으로 잘 저장되어 수업 이해도가 높아졌고, 규칙적인 운동으로 집중력과 기분이 안정되었다.

 2학기 중간고사에서 상위권에 진입한 유나는 "예전처럼 공부가 재밌어졌어요"라고 말했다. 그리고 이렇게 덧붙였다. "공부는 많이 한다고 잘되는 게 아니었어요. 내 뇌와 학습 코드가 좋아하는 리듬을 지켜주는 게 제일 중요하다는 걸 이제는 알아요."

 유나는 자신의 학습 코드가 잘 작동하도록 일상을 조정할 줄 알게 되었다. 어떤 환경 변화에도 자신의 학습 코드와 뇌 리듬을 최적화하는 능력을 갖춘 것이다. 그 결과, '더 많이 공부하는 아이'가 아닌 '더 현명하게 공부하는 아이'로 성장하고 있다.

 유나의 사례는 학습의 어려움을 능력의 한계로만 여기는 것이 얼마나 위험한지를 알려준다. 또한 개인의 학습 코드를 이해하고 그에 맞는 생활 루틴을 유지하는 것이 학습 효율을 높이는 가장 좋은 방법임을 보여준다. 이처럼 학습 능력은 뇌의 상태와 환경에 따라 크게 달라진다.

CASE 5.
뇌와 마음을 안정시켜 시험 공포를 이겨내다

한규현, 15세(중2), 남

검사 항목: 웩슬러지능검사, 기질성격검사, 종합학습심리검사, 시험불안검사, 컴퓨터기반인지편향검사, 컴퓨터기반주의편향검사

문제

규현이는 평소 학습 태도가 성실하고, 주요 과목에 대한 이해도도 높았다. 개념 정리와 복습 습관도 잘 형성되어 있었고, 학습량도 충분했다. 그러나 시험이 다가오면 불안이 심해지는 바람에 실제 시험에서는 실력보다 훨씬 낮은 성적을 받는 일이 반복되었다.

이제 규현이는 시험지를 받으면 머릿속이 하얘지고, 쉬운 문제도 제대로 풀지 못하는 지경에 이르렀다. "공부는 나름 열심히 했는데, 시험만 보면 무너져요"라는 말은 규현이의 상황을 그대로 보여주었다. 부모도 "집에서는 문제를 잘 풀던 아이가 시험장에서만 그러니 속이 타요"라며 안타까워했다. 규현이에게는 분명 우수한 학습 코드가 있었지만, 시험 불안이라는 감정적 방해 요소가 그 학습 코드의 정상적인 작동을 막고 있었다.

뇌과학적 관점에서 본 아이의 특성

- WISC-V 검사 결과

지표	점수	해석
전체IQ(FSIQ)	128점	매우 우수 범위. 전반적인 인지 능력이 매우 높음
언어이해(VCI)	130점	매우 우수. 언어적 개념 이해 및 추론 능력이 최상위 수준
시공간(VSI)	125점	매우 우수. 시각 정보 처리 및 공간 관계 분석 능력이 뛰어남
유동추론(FRI)	125점	매우 우수. 새로운 규칙 발견 및 비언어적 추론 능력이 뛰어남
작업기억(WMI)	120점	우수. 정보를 일시적으로 유지하고 조작하는 능력이 뛰어남
처리속도(PSI)	115점	우수. 시각 정보를 빠르고 정확하게 처리하고 반응하는 능력이 우수함

❖ 웩슬러 검사 결과는 실제 사례 점수를 기반으로 이해를 돕기 위해 재구성되었음을 알려드립니다.

문제 상황이 반복되자 시험 상황에서의 인지적 특성을 정밀하게 살펴볼 필요가 있었다. 그래서 시험불안검사로 전반적인 정서 상태를 확인하고, 컴퓨터기반주의편향검사를 진행하여 시험 자극에 대한 주의 패턴을 평가했다.

그 결과, 규현이는 인지 능력은 매우 우수했지만 시험 상황에서 편도체가 과활성화되어 전전두엽의 최적 기능이 방해받는 상태로 분석되었다. 그리고 '불합격', '실패'와 같은 시험과 관련된 부정적 자극에 주의가 과도하게 집중되는 주의 편향을 보였다. 시험에 대해서 부정적 단서를 먼저 탐지하고 처리하는 자동적 패턴이 뇌에 형성되어, 규현이의 학습 코드가 제대로 작동하는 데 필요한 인지 자원이 불안 관리에 소모되고 있었다.

- 편도체와 전전두엽의 불균형: 시험 불안은 뇌의 감정 중추인 편도체가 위협 신호를 감지할 때 발생한다. 편도체가 과활성화되면 스트레스 호르몬인 코르티솔이 과도하게 분비되고, 이는 규현이의 학습 코드가 효과적으로 작동하는 데 핵심 역할을 하는 전전두엽의 실행 기능을 억제한다. 전전두엽은 작업 기억, 집중력, 문제 해결을 담당하는데, 이 영역이 제 기능을 못 하면 아무리 우수한 기본 능력이 있어도 발휘되지 않는다.

- 주의 편향과 인지적 자원 배분: 주의 편향은 뇌의 주의 네트워크가 위협 관련 정보를 먼저 처리하도록 한다. 이는 규현이의 학습 코드가 효율적으로 작동하는 데 필요한 인지적 자원을 크게 낭비하게 했다. 불안이 높은 사람은 전전두엽-두정엽 주의 네트워크가 부정적 자극에 과도하게 할당되어, 실제 과제 수행에 필요한 인지적 자원이 부족해진다. 마치 컴퓨터의 CPU가 바이러스 검사에 과도하게 사용되어 다른 프로그램이 느려지는 것과 같은 현상이다.

- 작업 기억 시스템의 방해: 시험 상황에서 스트레스가 높아지면 규현이의 학습 코드 중 핵심 요소인 전전두엽의 작업 기억 기능이 저하된다. 스트레스 호르몬인 코르티솔이 전전두엽에 영향을 미쳐, 평소 잘 알고 있던 정보를 머릿속에서 일시적으로 유지하고 조작하는 능력이 떨어진다. 또한 문제 내용을 읽고 기존 지식을 검색하여 비교하고 연결하는 인지적 처리 과정도 방해받는다. 규현이가 "머릿속이 하얘진다"라고 표현한 것은 주로 작업 기억과 실행 기능이 일시적으로 저하되어서 그렇다.

- 자율신경계의 과각성: 시험 불안은 교감신경계를 과도하게 활성화해 심박수 증가, 근육 긴장, 호흡 변화 등을 일으킨다. 이러한 신체적 변화는 뇌로 가는 혈류와 산소 공급에 영향을 주어 규현이의 학습 코드가 원활하게 작동하는 데 필요한 최적의 뇌 상태를 방해할 수 있다.

변화성장법

규현이의 시험 불안을 해결하고 우수한 학습 코드가 제대로 발휘되도록 주의 편향을 수정하고 정서 조절 능력을 강화하는 2가지 전략을 제시했다.

- 마음 챙김 기반의 정서 조절로 편도체 안정화: 본격적인 훈련에 앞서 정서 조절 기법을 함께 연습해 규현이의 학습 코드가 안정적으로 작동할 수 있는 감정적 기반을 마련했다. 이때 호흡에 주의를 기울이거나 감각을 알아차리는 기본적인 마음 챙김 기법을 활용했다. 이로써 불안한 감정에 휩쓸리지 않고 한 발짝 물러서서 감정을 인식하는 힘을 길렀다. 이 연습은 뇌과학적으로 편도체의 과활성화를 조절하고 전전두엽의 조절 기능을 강화하는 효과가 있다. 그리고 뇌의 디폴트 모드 네트워크Default Mode Network, DMN의 과활성을 줄여서 불안과 걱정의 반복적 사고에서 벗어나게 한다.

  디폴트 모드 네트워크는 뇌가 외부의 특정 과제에 집중하지 않고 휴식하거나 멍하니 있을 때 활성화되는 상호 연결된 뇌 영역들의 집합이다. 학습의 관점에서 볼 때, 우리가 쉴 때 DMN은 뇌를 단순히 쉬게 하지 않고 학습을 지원하는 핵심적인 인지 통합 및 기억 공고화 과정을 수행하게 한다. DMN이 과도하게 활성화되면 걱정 불안을 유발한다.

- 주의 편향 수정 훈련을 통한 인지적 재조정: 모바일 앱을 활용하여 주 3회, 회당 약 20분씩 주의 편향을 수정하는 훈련을 했다. 이로써 규현이는 학습 코드가 효율적으로 작동할 수 있도록 뇌의 주의 자원을 최적화할 수 있었다. 이 훈련은 다양한 자극 중 긍정적 혹은 중립적 자극 위치에 주의를 기울여 뇌의 주의 네트워크가 부

정적 자극보다 과제 관련 정보에 먼저 집중하게 한다. 또한 전전두엽-두정엽 주의 네트워크의 편향된 패턴을 수정하여 인지적 자원을 더 효율적으로 배분하게 한다.

변화

훈련한 지 3주 만에 규현이는 자신의 학습 코드가 더 안정적으로 작동하기 시작하는 것을 느꼈다. 시험 기간이 다가와도 예전처럼 불안이 온통 머릿속을 가득 채우지 않아서 평소대로 학습 계획을 실천할 수 있었다. 8주간의 훈련 뒤 시험 당일에도 긴장에 압도되지 않고 꽤 차분하게 문제를 풀었다. 그리고 전교 1등이라는 믿을 수 없는 성적을 받았다. 물론 갑자기 실력이 좋아진 것은 아니었다. 규현이는 이미 충분한 역량을 갖춘 학생이었고, 시험 불안이라는 심리적 요인이 학습 코드의 작동을 방해하여 본래 실력을 발휘하지 못했던 것뿐이다. 마치 구름이 햇빛을 가리듯 불안이 인지적 역량 위에 드리워져 있었던 셈이다.

가장 인상적인 변화는 규현이의 시험에 대한 인식이었다. "시험이 중요한 게 아니라, 내가 뭘 보고 있는지가 중요하다는 걸 알게 됐어요"라고 말했다. 이처럼 규현이는 자신의 학습 코드가 어떻게 작동하는지를 이해하면서 시험 상황뿐만 아니라 일상에서도 주의와 감정을 더 잘 조절하게 되었다. 스트레스가 높은 상황에서도 침착

함을 유지하며, 자신의 능력을 온전히 발휘할 수 있는 내적 자원을 갖추게 된 것이다.

뇌과학적으로 불안한 상태의 뇌는 위협에 과도하게 반응한다. 이 과정에서 복잡한 정보 처리나 문제 해결과 같은 고차원적인 인지 기능은 억제된다. 즉, 불안에 짓눌린 아이의 뇌는 학습 코드가 정상적으로 작동하지 못하여 실력을 제대로 발휘하기 어렵다.

규현이의 사례는 시험 불안이 단지 감정 조절의 문제가 아님을 보여준다. 뇌의 주의 시스템과 인지 편향에서 비롯되는 시험 불안은 개인의 학습 코드 작동에 악영향을 미친다. 규현이는 불안을 억지로 통제하려 애쓰는 대신, 자동으로 작동하는 주의 편향을 새롭게 조정하고 감정을 인식하며 다루는 방법을 실천했다. 그 덕분에 학습 코드가 온전히 활성화되는 상태로 나아갈 수 있었다. 규현이는 앞으로 어떤 평가 상황에서도 뇌 상태를 최적화하여 학습 코드를 최대한 활용할 수 있는 능력을 갖추게 되었다.

에필로그

늦은 때란 절대로 없다

"교수님, 이 강의를 제가 중학교 때, 아니 고등학교 때라도 들었더라면 얼마나 좋았을까요?"

내 강의를 듣고 고시 준비에 활용해서 합격에 큰 도움이 되었다고 감사 인사를 전해 오는 고시생들이 하는 말이다. 많은 고시 합격생에게 이런 말을 들을 때마다 참 보람되다 하면서도 한편으로는 안타까운 마음이 든다. 그런데 아쉬움과 안도가 가득한 합격 후기에는 보통 이 같은 질문이 이어진다. "동생이 지금 고등학생인데 이 방법을 써도 되나요?" "과외하는 학생이 중학생인데 이 방법이 효과가 있을까요?"

답은 명확하다. 당연히 된다. 안 될 이유가 없다.

오히려 초중고등학교 시기야말로 뇌 가소성이 더욱 활발한 때이기에 더 큰 효과를 기대할 수 있다. 물론 질풍노도의 시기를 겪으며 뇌의 급격한 가지치기 단계에 있는 아이에게는 더욱 세밀한 안내가 필요하다.

비단 학생뿐만이 아니다. 기업 임원도 뇌과학과 자신의 학습 코드에 기반한 방법을 업무에 적용해 효율을 높였다고 연락이 오곤 한다. 평생 청각 자극이 선호 패턴인지 모르고 책 읽는 것에 어려움을 겪으며 자책하던 한 박사님은 쉰 넘은 나이에 마침내 자신의 학습 코드를 이해하고 밀도 높은 눈물을 흘렸다. 일흔이 넘어서도 치매 예방은 물론, 인지 기능을 유지하고 심지어 발달시키는 방법이 바로 뇌과학에 기반한 학습 코드 활성화를 위한 접근법이다. 절대 늦은 때란 없다.

솔직히 고백하면 나는 공부나 성과를 내기 위한 '유전자 로또'에서 완전히 꽝을 뽑은 사람이다. 산만하고, 체계적이지 못하고, '그릿Grit'이라고 하는 끈기도 전혀 없다. 충동적이고 에너지는 많아서 감정적으로 불안정하고, 에너지를 쓸 때 적절한 분배나 조절을 하지도 못한다. 쓰고 싶은 곳에 모든 것을 쏟아부었다가 결국 쓰러지는 식이다.

그런데도 나는 살아남고 싶었다. 유별나고 부족한 조건을 가졌지만, 그렇기 때문에 오히려 나에게 맞는 공부법을 늘 절실하게 알고 싶었다. '과연 그런 공부법이 있기나 할까?' 하는 의구심이 들었으나 그보다 더 간절히 갈망했다.

나는 실은 학자가 되었다기보다는, 살기 위한 생존의 조건을 과학적으로 검증된 방법들 속에서 찾으려고 한, 그러니까 나의 학습 코드에 맞는 방법을 끊임없이 찾아 헤맸다고 보는 편이 맞다. 사람이 아프면 그 통증이 완전히 사라질 때까지 약도 먹어보고 자세도 바꿔보고 운동도 해보고 먹는 것도 바꿔보고, 안 되면 기도라도 하고 그래도 안 되면 자기최면이라도 걸면서 가능한 모든 방법을 동원하지 않는가? 내가 그랬다. 결국 이 책은 내가 '공부 좀 (잘)하게 되는 법'을 끊임없이 찾아간 처절한 여정의 결과다.

이제는 유독 저주받은 듯 두루두루 안 좋은 조건을 타고난 나 자신이 조금 고맙다. 만약 하나의 요소만 갖추어져도 잘 통하는 무난한 학습 코드를 가지고 있어서 꾸준하고 차분하게 공부할 수 있었다면, 이토록 많은 고민과 탐구와 연구를 하지 못했을 것이다. 통증이 단번에 사라졌는데 뭐 하러 통증을 없애는 온갖 방법을 찾으러 다녔겠는가?

어릴 적 나는 새롭고 혁신적인 방법을 적용한다고 해도 변화가 보이기는커녕 간에 기별도 안 가는 유별난 학습 코드를 가진 아이였다. 그래서 찾고 찾고 또 찾다가 결국 뇌까지 갔고, 뇌를 알고 나서야 마침내 과녁의 중심을 딱 맞춘 듯 내 학습 코드가, 그리고 나라는 인간이 이해가 되었다. 그 순간 모든 것이 연결되고 모든 길로 통하는 문이 활짝 열린 것 같은 기분이 들었다.

최근 뇌과학계에서 주목받는 '슈퍼에이저Super-ager' 연구는 우리에게 또 다른 희망을 준다. 슈퍼에이저란 70세가 넘었음에도 40대와 같은 뛰어난 인지 능력을 유지하는 사람을 말한다.

특히 '탄력뇌Resilient Brain'의 발견은 혁명적이다. 이로써 설령 뇌가 생물학적으로는 치매 위험이 큰 상태임에도 지속적으로 학습하고, 규칙적으로 운동하며, 활발한 사회적 관계를 유지하면 뇌가 스스로를 보호하고 기능을 유지할 수 있다는 강력한 근거가 생겼다. 탄력뇌의 발견 의의는 나이가 들어도, 심지어 뇌가 노화가 되어도 적절한 관리로 인지 능력을 유지하고 발전시킬 수 있다는 것이다. 나이가 들어도 뇌를 발달시킬 방법이 있는데 아이의 뇌는 말해 무엇하겠는가?

최근에 교사 연수 강의를 했는데, 한 고등학교 교사가 학부모에게 상담할 때 내 실명을 공개하고 예로 들어도 되냐고 허락을 구했다. "교수님처럼 타고난 조건이 불리한 사람도 이렇게 잘 기능할 수 있다는 사례로 학부모님들에게 소개하고 싶습니다"라고도 했다. 난 크게 웃으며 흔쾌히 동의했다.

책에 차마 쓰지 못했지만 나는 남들이 알면 놀랄 만큼 엉망인 면이 많다. 언젠가 책이 아닌 다른 기회로 이런 어두운 면도 기꺼이 솔직하게 소개할 수 있기를 바란다. 그러면 많은 분이 확신할 것이다. "우리 아이는 저 정도까지는 아닌데, 그럼 우리 아이도 충분히 뭔가 해낼 수 있겠구나"라는 생각이 절로 들지도 모른다.

이 책을 마무리하면서 아이를 키우는 분들에게 몇 가지를 당부하고 싶다.

첫째, 부디 여유를 가지기 바란다.

뇌는 천천히 변한다. 아이에게서 눈에 보이는 결과가 바로 나타나지 않더라도 조급해하지 말고, 뇌 안에 작은 씨앗이 자리 잡았음을 기뻐하면 좋겠다. 언젠가 때가 되면 그 씨앗은 싹을 틔우고 무성히 자라난다. 사실 이미 열심히 자라는 중이다.

둘째, 우리 아이, 그 존재에 집중하기를 바란다.

우리 아이를 보지 않고 다른 아이를 보며 비교하기 시작하는 순간, 아이만의 고유한 성장과 가능성을 놓치게 된다. 오직 어제의 아이와 오늘의 아이가 변화된 것에 집중하기를. 그때 보이는 아이의 변화는 부모에게 감동적인 기쁨을 안겨줄 것이다.

셋째, 완벽보다 더 성숙하고 안정적이고 수준 높은 단계, '그럭저럭 괜찮은 상태Good Enough'를 추구하기 바란다.

100퍼센트에 가깝지 않아도 충분하다. 시도 그 자체만으로도 뇌에서는 엄청난 변화가 일어나기 시작한다. 존재하지 않는 완벽을 향한 위태로운 강박은 오히려 그 변화를 멈추게 할 수 있다.

넷째, 즐거움을 순간순간 발견하기를 바란다. 아이의 성장 과정은 고통만이 아니라 기쁨과 즐거움이 함께하는 여정이다. 아이와 함께 웃고 즐기며 일상을 충분히 누린다면 아이의 뇌는 더 많이 더 제대로 자란다.

다섯째, 자신을 돌보기를 바란다. 행복한 부모가 행복한 아이를 키운다. 부모가 자신을 돌보는 것은 결코 이기적인 행동이 아니다. 행복한 부모는 아이의 뇌에 행복 회로를 만들어준다. 아이가 행복하게 살기를 바라는 부모도 행복했으면 한다. 부모의 행복 지수가 아이의 기준이 된다.

이 책에서 아주 작은 것이라도 영감받은 것이 있다면 주저하지 말고 삶에 적용해보자. 그런 뒤 적응되고 습관이 되면 다음으로 나아가면 된다. 작은 변화가 쌓여 큰 변화를 만들어내는 것, 그것이 바로 뇌가 작동하는 방식이다.

우리는 모두 고유한 뇌를 가지고 태어났다. 그 뇌의 가능성을 발견하고 키우고 활용하는 것은 우리의 권리이자 의무다. 이 책이 그 여정에서 든든한 믿는 구석이 될 수 있기를 바라며 아이 뇌에서 학습 코드를 찾는 첫 번째 여정은 여기서 마무리하고자 한다.

부록

워크북 및 실천 체크리스트

이 부록은 이론을 실생활에 적용하는 데 도움 되는 실용적인 도구를 담고 있습니다. 우리 아이에게 맞는 것을 선별해서 꾸준히 실천해나가는 것이 중요하다는 사실을 기억하세요. 그리고 작은 변화가 모여 큰 성장을 만들어낸다는 것도요.

CHECKLIST

- 점검 대상: 초등학교 고학년~고등학생
- 작성자: 부모(아이와 함께 작성하면 더욱 정확합니다.)

- 유의점
    - 이 체크리스트는 정식 진단 도구가 아닌 간이 진단 도구입니다. 마치 나침반처럼 대략적인 방향을 알려주는 참고 자료입니다. 그러니 아이를 이해하는 첫 번째 단서로 활용하되 절대적인 평가 기준으로 받아들이지는 마세요.
    - 이 체크리스트는 전문적인 진단이나 평가를 대체할 수 없으며 교육적 참고 목적으로만 사용하기 바랍니다.
    - 이 체크리스트의 결과는 여러 요인에 따라 달라질 수 있습니다. 성장 발달 단계, 최근의 스트레스나 변화, 컨디션이나 건강 상태 등의 '시기적 요인', 학교나 학급의 분위기, 교사의 교육 방식이나 성향, 친구 관계나 사회적 상황 등의 '환경적 요인', 지금까지 경험한 학습법의 종류, 성공이나 실패 경험의 누적, 부모나 주변의 기대와 압박 등의 '학습 경험', 자신감이나 학습에 대한 태도, 학업 성과나 평가 경험, 진로나 미래에 대한 고민 등의 '심리적 상태'가 결과에 영향을 미칠 수 있습니다.

뇌 상태 점검 체크리스트

아이를 자세히 관찰한 뒤 해당되는 항목에 ☑ 표시를 합니다.

1. 수면 패턴	
일정한 시간에 잠자리에 든다. (오차 30분 이내)	☐
충분한 수면 시간을 확보한다. (8~11시간)	☐
취침 2시간 전부터 전자 기기의 사용을 중단한다.	☐
조용하고 어두운 환경에서 잔다.	☐
아침에 개운하게 일어난다.	☐
낮에 졸지 않는다.	☐
주말에도 비슷한 수면 패턴을 유지한다.	☐

2. 활동 및 신체 활동	
주 3회 이상 30분 이상의 운동을 한다.	☐
일상에서 충분히 몸을 움직인다. (걷기, 계단 이용 등)	☐
앉아 있는 시간이 2시간을 넘지 않는다.	☐
스크린 타임이 하루 2시간을 넘지 않는다.	☐
야외 활동을 규칙적으로 한다.	☐
운동 후 기분이 좋아진다.	☐
신체적 피로와 정신적 피로의 균형이 맞다.	☐

3. 식습관	
하루 세 끼를 규칙적으로 먹는다.	☐
아침 식사를 거르지 않는다.	☐
가공식품보다 자연식품을 많이 먹는다.	☐

물을 충분히 마신다. (하루 3~8잔)	☐
간식 시간과 양이 적절하다.	☐
가족과 함께 식사하는 시간이 있다.	☐
식사 시간에 전자 기기를 사용하지 않는다.	☐

4. 정서 상태

대부분의 시간 동안 긍정적인 기분을 유지한다.	☐
스트레스를 받아도 적절히 해소한다.	☐
부모와 편안하게 대화한다.	☐
친구들과 원만한 관계를 유지한다.	☐
새로운 도전을 두려워하지 않는다.	☐
실수했을 때 과도하게 자책하지 않는다.	☐
자신의 감정을 말로 표현할 수 있다.	☐

5. 학습 상태

적절한 시간 동안 집중할 수 있다.	☐
새로운 것을 배우는 것을 즐긴다.	☐
어려운 문제도 포기하지 않고 시도한다.	☐
학습한 내용을 기억하고 활용한다.	☐
스스로 계획을 세우고 실행한다.	☐
질문하는 것을 두려워하지 않는다.	☐
학습 목표가 명확하다.	☐

✚ 진단: 총 다섯 개 영역으로 나누어 뇌 상태를 점검하는 체크리스트입니다. 각 항목은 바람직한 원칙입니다. 그러므로 ☑ 표시가 많을수록 현재 아이의 뇌가 좋은 상태에 있을 가능성이 큽니다. ☑ 표시가 안 된 항목은 일상에서 아이가 서서히 지켜나가도록 도와주세요.

뇌 기반 학습 환경 체크리스트

아이의 학습 환경을 살펴보고 해당되는 항목에 ☑ 표시를 합니다.

1. 물리적 환경	
조용하고 집중할 수 있는 공간	☐
적절한 조명	☐
편안한 온도(18~22도)	☐
정리 정돈된 책상	☐
필요한 학습 도구 준비	☐
방해 요소 제거(텔레비전, 게임기 등)	☐
편안한 의자와 책상 높이	☐
2. 시간적 환경	
일정한 학습 시간 설정	☐
아이의 생체 리듬 고려	☐
적절한 휴식 시간 포함	☐
충분한 수면 시간 확보	☐
식사 시간과 학습 시간 조절	☐
전환 시간 충분히 확보	☐
유연한 조정 가능	☐
3. 정서적 환경	
안전하고 수용적인 분위기	☐
실수를 두려워하지 않는 환경	☐
질문하기 편한 분위기	☐

격려와 지지가 있는 환경	☐
필요한 학습 도구 준비	☐
스트레스 수준 적절히 관리	☐
성취감을 느낄 수 있는 경험	☐
자율성과 선택권 보장	☐
4. 사회적 환경	
가족의 지지와 협력	☐
일관된 양육 태도	☐
적절한 기대 수준	☐
개별성 인정과 존중	☐
소통과 대화의 시간	☐
함께하는 활동과 경험	☐
외부 지원 체계 활용	☐

✚ **진단:** 총 네 개 영역으로 나누어 학습 환경을 점검하는 체크리스트입니다. 각 항목은 바람직한 원칙입니다. 그러므로 ☑ 표시가 많을수록 아이가 학습하기 좋은 환경이 갖추어진 상태라고 볼 수 있습니다. ☑ 표시가 안 된 사항은 잘 참고하여 학습 환경을 보완해나가시길 바랍니다.

뇌 기반 학습 유형 진단 체크리스트

◆ 문항

각 문항을 읽고 해당하는 점수를 적으세요.

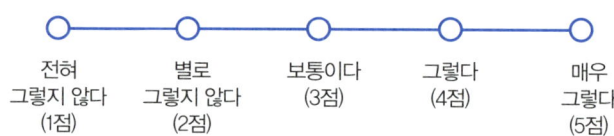

전혀 그렇지 않다 (1점) / 별로 그렇지 않다 (2점) / 보통이다 (3점) / 그렇다 (4점) / 매우 그렇다 (5점)

A. 모험가형 뇌

우리 아이는 ( )	전혀 그렇지 않다	별로 그렇지 않다	보통이다	그렇다	매우 그렇다
새로운 것을 경험하고 탐험하는 것을 좋아한다.	○	○	○	○	○
지루한 것보다 재미있고 흥미진진한 것을 선호한다.	○	○	○	○	○
성취했을 때나 칭찬받을 때 특히 기뻐한다.	○	○	○	○	○
호기심이 많고 "왜?", "어떻게?"를 자주 묻는다.	○	○	○	○	○

총점:

B. 안정형 뇌

우리 아이는 ( )	전혀 그렇지 않다	별로 그렇지 않다	보통 이다	그렇다	매우 그렇다
규칙적인 생활을 하고 계획적으로 행동한다.	○	○	○	○	○
갑작스러운 변화보다는 예측 가능한 상황을 좋아한다.	○	○	○	○	○
다른 사람들과 조화롭게 지내려고 노력한다.	○	○	○	○	○
차분하고 안정된 성격이다.	○	○	○	○	○

총점:

C. 집중형 뇌

우리 아이는 ( )	전혀 그렇지 않다	별로 그렇지 않다	보통 이다	그렇다	매우 그렇다
중요한 일이나 시험 앞에서 더 집중력이 높아진다.	○	○	○	○	○
스트레스 상황에서도 빠르게 대응할 수 있다.	○	○	○	○	○
마감이 다가올수록 더 열심히 한다.	○	○	○	○	○
경쟁적인 상황에서 실력을 발휘한다.	○	○	○	○	○

총점:

D. 학습형 뇌

우리 아이는 (　　　　　　　　　)	전혀 그렇지 않다	별로 그렇지 않다	보통이다	그렇다	매우 그렇다
새로운 정보를 빠르게 받아들이고 기억한다.	○	○	○	○	○
한 가지 일이 끝나면 다른 일로 빠르게 전환할 수 있다.	○	○	○	○	○
변화하는 상황에 빠르게 적응한다.	○	○	○	○	○
세부 사항을 정확하게 기억하는 편이다.	○	○	○	○	○

총점:

➕ 진단

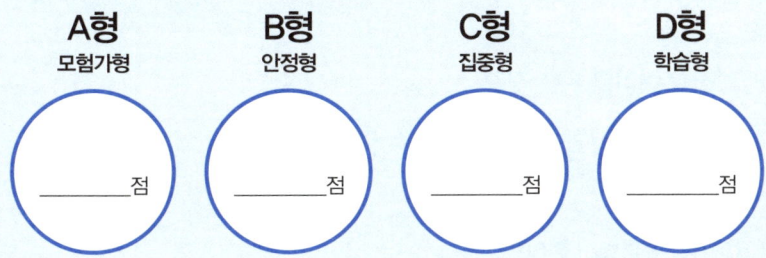

※ 16점 이상이면 주요 특성입니다.

➕ 진단 유형별 학습 전략

A. 모험가형 아이를 위한 전략

뇌 특성: 새로운 것을 좋아하고 보상에 민감한 도파민 우세형

🔍 **이런 공부법이 좋아요!**
- 다양하고 재미있는 학습 자료를 활용(게임, 체험, 실험)
- 작은 목표를 달성할 때마다 보상과 칭찬 제공
- 지루한 암기보다는 탐구 중심 학습
- 프로젝트나 발표 기회를 많이 제공

💡 **이런 환경을 만들어주세요!**
- 호기심을 자극하는 다양한 자료와 도구 비치
- 성취를 시각적으로 확인할 수 있는 차트나 그래프를 활용

- 변화 있는 학습 공간(때로는 거실, 때로는 서재에서)

B. 안정형 아이를 위한 전략

뇌 특성: 규칙성과 안정성을 추구하는 세로토닌 우세형

🔍 이런 공부법이 좋아요!
- 일정한 시간, 일정한 장소에서 규칙적 학습
- 체계적이고 단계적인 학습 계획을 수립
- 안정되고 조용한 환경에서 집중 학습
- 예측 가능한 루틴과 충분한 준비 시간 제공

💡 이런 환경을 만들어주세요!
- 정리정돈된 고정적인 학습 공간 마련
- 학습 스케줄과 계획표를 눈에 보이는 곳에 붙이기
- 갑작스러운 변화보다는 예고하고 준비할 시간 주기

C. 집중형 아이를 위한 전략

뇌 특성: 중요한 순간에 집중력이 발휘되는 노르에피네프린 우세형

🔍 이런 공부법이 좋아요!
- 적절한 긴장감과 데드라인 활용
- 짧은 시간 집중 학습 + 충분한 휴식

- 경쟁적 요소나 목표 의식 부여
- 중요한 시험이나 발표 전에 컨디션 조절

💡 **이런 환경을 만들어주세요!**
- 방해 요소를 차단한 집중 공간 마련
- 타이머를 활용한 집중 시간 관리
- 성과를 즉시 확인할 수 있는 피드백 시스템

D. 학습형 아이를 위한 전략

뇌 특성: 새로운 정보 습득이 빠른 아세틸콜린 우세형

🔍 **이런 공부법이 좋아요!**
- 다양한 방법으로 반복 학습(읽기, 쓰기, 듣기, 말하기)
- 정보 간 연결고리 찾기 활동
- 배운 내용을 다른 사람에게 설명하기
- 멀티미디어 자료를 활용하여 풍부한 정보 제공

💡 **이런 환경을 만들어주세요!**
- 다양한 학습 도구와 자료 준비
- 학습한 내용을 정리하고 연결할 수 있는 공간
- 충분한 복습과 활용 기회 제공

하루 루틴 점검 체크리스트

모든 일과를 마친 뒤 하루를 돌아보며 아이와 부모에게 해당되는 항목에 ☑ 표시를 합니다.

1. 아침 루틴	
일정한 시간에 기상	☐
아침 식사 함께하기	☐
긍정적인 대화로 하루 시작	☐
오늘의 계획 간단히 나누기	☐
격려와 응원의 말 전하기	☐
2. 학습 지원 루틴	
적절한 학습 환경 조성	☐
집중할 수 있는 분위기 만들기	☐
과정 중심의 피드백 제공	☐
아이의 질문에 성의껏 답하기	☐
작은 성취도 인정하고 격려하기	☐
3. 감정 소통 루틴	
아이의 감정 상태 관찰하기	☐
감정을 언어로 표현하도록 돕기	☐
부정적 감정도 수용하고 공감하기	☐
감정 조절 방법 함께 찾기	☐
하루 중 좋았던 순간 나누기	☐

4. 저녁 마무리 루틴	
가족 식사 시간 갖기	☐
하루를 정리하는 대화하기	☐
감사한 일 나누기	☐
내일에 대한 기대감 심어주기	☐
따뜻한 인사로 하루 마무리	☐

+ 진단: 총 네 개 영역으로 나누어 아이와 부모의 루틴을 함께 점검하는 체크리스트입니다. 각 항목은 바람직한 원칙입니다. ☑ 그러므로 표시가 많을수록 좋은 루틴이 잘 만들어진 상태라고 할 수 있습니다. ☑ 표시가 안 된 사항은 잘 참고하여 일상에서 꾸준히 루틴화하세요.

주간 성장 기록지

한 주를 보낸 뒤 아이의 변화를 관찰한 결과를 기록하여 성장 변화를 살펴봅니다.

1. 이번 주 아이의 변화

- 긍정적 변화

_____
_____
_____

- 어려웠던 점

_____
_____
_____

2. 부모로서의 성찰

- 잘한 점

_____
_____
_____

- 개선할 점

- 배운 점

3. 다음 주 계획
- 아이와 함께할 활동

- 시도해볼 새로운 방법

- 개선하고 싶은 부분

월간 성장 기록지

한 달을 보낸 뒤 아이의 변화를 관찰한 결과를 기록하여 성장 변화를 살펴봅니다.

1. 기본 정보

- 기록 일자: _____년 _____월 _____일
- 아이 이름: _____
- 나이: _____세 _____개월

2. 이번 달의 주요 변화

- **인지적 성장**

새로 배운 것:
_____
_____

향상된 기술:
_____
_____

해결한 문제:
_____
_____

- **정서적 성장**

감정 조절 향상:
_____
_____

자신감 변화:
_____
_____

스트레스 대처:
_____
_____

- **사회적 성장**

친구 관계:
_____
_____

가족 관계:
_____
_____

협력 능력:
_____
_____

- **신체적 성장**

체력 변화:

_____

_____

건강 상태:

_____

_____

신체 기술:

_____

_____

- **도전과 극복**

어려웠던 순간:

_____

_____

대처 방법:

_____

_____

배운 점:

_____

_____

부모의 지원:

_____

_____

- **다음 달 목표**

단기 목표(1개월):

_____

_____

_____

중기 목표(3개월):

_____

_____

_____

장기 목표(6~12개월):

_____

_____

_____

3. 이번 달에는 무엇을 해야 할까

1월	**기본 생활 습관 점검** • 목표: 수면, 운동, 식습관의 기초 다지기 • 주요 활동 　– 수면 패턴 안정화 　– 규칙적 운동 시작 　– 가족 식사 시간 늘리기 • 평가 지표: 생활 습관 체크리스트 점수
2월	**학습 환경 조성** • 목표: 최적의 학습 환경 만들기 • 주요 활동 　– 학습 공간 정리 　– 학습 시간 루틴 만들기 　– 방해 요소 제거 • 평가 지표: 집중 시간 증가, 학습 만족도
3월	**감정 소통 강화** • 목표: 부모와 자녀 간 감정 소통의 개선 • 주요 활동 　– 감정 라벨링 연습 　– 일일 감정 체크인 　– 가족 대화 시간 늘리기 • 평가 지표: 감정 표현 능력, 갈등 감소

4월	**자기 조절력 향상** • 목표: 충동 조절, 집중력 개선 • 주요 활동 　– 억제력 훈련 게임 　– 명상 및 호흡법 연습 　– 계획–실행–평가 루틴 • 평가 지표: 집중 지속 시간, 계획 실행률
5월	**동기와 목표 설정** • 목표: 내재적 동기 발견, 목표 수립 • 주요 활동 　– 관심사 탐색 활동 　– 단기/장기 목표 설정 　– 성취 경험 제공 • 평가 지표: 자발적 학습 시간, 목표 달성률
6월	**사회성 및 협력 능력** • 목표: 대인 관계와 협력 능력 향상 • 주요 활동 　– 팀 프로젝트 참여 　– 봉사활동 경험 　– 갈등 해결 연습 • 평가 지표: 친구 관계, 협력 능력 평가

7월 ~ 8월	**중간 점검 및 재정비** • 목표: 상반기 성과 점검, 하반기 계획 • 주요 활동 　– 성장 포트폴리오 정리 　– 가족 여행 및 새로운 경험 　– 하반기 목표 재설정 • 평가 지표: 전체적 성장 평가
9월	**새학기 적응 지원** • 목표: 환경 변화 적응, 새로운 도전 • 주요 활동 　– 새로운 환경 적응 지원 　– 스트레스 관리 강화 　– 새로운 관계 형성 도움 • 평가 지표: 적응 속도, 스트레스 수준
10월	**학습 방법 개선** • 목표: 개인별 최적 학습법 찾기 • 주요 활동 　– 학습 스타일 분석 　– 다양한 학습법 실험 　– 효과적 방법 정착 • 평가 지표: 학습 효율성, 성적 향상

11월	**창의성과 문제 해결력** • 목표: 창의적 사고와 문제 해결력 향상 • 주요 활동 　– 창작 활동 늘리기 　– 문제 해결 게임 　– 다양한 관점 경험 • 평가 지표: 창의성 평가, 문제 해결력
12월	**연간 성과 정리 및 계획** • 목표: 1년간의 성장 정리, 새해 계획 세우기 • 주요 활동 　– 성장 앨범 만들기 　– 가족 회고 시간 　– 새해 다짐과 계획 세우기 • 평가 지표: 전년 대비 성장률, 만족도

뇌 안에 잠든 학습 코드를 깨워라

초판 1쇄 발행 2025년 12월 1일

지은이 이민주
펴낸이 박성인

펴낸곳 허들링북스
출판등록 2020년 3월 27일 제2020-000036호
주소 서울시 강서구 공항대로 219, 3층 309-1호(마곡동, 센테니아)
전화 02-2668-9692 | **팩스** 02-2668-9693
이메일 contents@huddlingbooks.com

- 이 책은 허들링북스가 저작권자와의 계약에 따라 발행한 것이므로 무단 전재와 무단 복제를 금지하며, 이 책의 전부 또는 일부 내용을 이용하려면 반드시 저작권자와 허들링북스의 서면 동의를 받아야 합니다.
- 책값은 뒤표지에 있습니다.
- 파본은 구입하신 서점에서 교환해드립니다.

ISBN 979-11-91505-56-6 (13370)